Helmut Gollwitzer
Es geht nichts verloren

3,-

Helmut Gollwitzer
Es geht nichts verloren

1908 bis 1993

Herausgegeben
im Auftrag der Aktion Sühnezeichen/Friedensdienste
und der Kirchengemeinde Berlin-Dahlem
von Wolfgang Brinkel

Lamuv

Bitte fordern Sie unser kostenloses Gesamtverzeichnis an:
Lamuv Verlag, Postfach 26 05, D-37016 Göttingen

1. Auflage Mai 1994
© Aktion Sühnezeichen/Friedensdienste Berlin
Alle Rechte vorbehalten

Redaktion: Wolfgang Brinkel, Jens Pohl,
Dorothee Marquardt und Ellen Wagner
Gestaltung: Wolfgang Brinkel, Marl/Leipzig
Fotos: Archiv F.-W. Marquardt und Alwin Meyer
Umschlag: Gerhard Steidl
Herstellung: Steidl, Göttingen
ISBN 3-88977-380-X

Inhalt

Theologische Existenz

Vermächtnis und Ermutigung

Bischof Dr. Martin Kruse
Geleitwort

In den letzten Jahren war es still geworden um Helmut Gollwitzer. Seine Kräfte nahmen ab. Kurt Scharf und Heinrich Albertz, die Freunde und Mitstreiter, sind vor ihm heimgerufen worden.

Daß er einer der vielseitigsten, wirksamsten, umstrittensten Theologen unserer Zeit war, ist keine Frage. Er hat viel in Bewegung gesetzt, gerade weil er oft so unbequem war.

Gleich im ersten Monat als Bischof hatte ich eine schwierige Entscheidung zu treffen, die Helmut Gollwitzer ganz und gar nicht teilen konnte. Er hielt mit seinem Ärger nicht hinter dem Berge. Ich bekam als Neuling die Wucht öffentlicher Auseinandersetzung in Berlin zu spüren. Im gleichen Moment brachte die Post ein Päckchen mit einem Buchgeschenk an den »lieben Bruder Bischof mit herzlichen Wünschen für den Beginn in Berlin«. Das war beileibe keine Ironie. Denn per Telefon folgte eine Einladung zum Abendessen in sein Haus, weil ich doch noch ohne Familie in Berlin sei.

So habe ich Helmut Gollwitzer immer erlebt: streitbar und von herzlicher Menschlichkeit. Diese selbstverständliche Gastfreiheit seines Hauses, der fröhliche, angriffslustige Humor, die Fähigkeit, Fragen zu stellen und zuzuhören, unterschiedliche Meinungen stehen zu lassen.

Als junger Prediger der Bekennenden Kirche in Dahlem wurde Gollwitzer in Berlin bekannt. Unvergessen ist seine Predigt am Buß- und Bettag 1938 in der Annenkirche nach der Reichspogromnacht, die mit den Worten beginnt: »Wer kann denn jetzt noch predigen? Sollten wir nicht einfach still sein, um Gott um Vergebung zu bitten für unser Volk?« Helmut Gollwitzer hat für eine grundlegende theologische Neubestimmung des christlich-jüdischen Verhältnisses gestritten, auf den Evangelischen Kirchentagen, in der Universität, auf der Kanzel, in Israel und vernehmlich in der

Öffentlichkeit. Die Aufgabe bleibt, aber daß sie so kräftig ins Bewußtsein von Kirche und Theologie gerückt ist, verdanken wir zu einem guten Teil der Leidenschaft Gollwitzers. Auch diese Schrift wird dazu beitragen, sein Andenken in Kirche und Öffentlichkeit wachzuhalten.

Helmut Gollwitzer im Januar 1950 anläßlich eines Vortrages an der Evangelischen Akademie in Bad Boll

Helmut Gollwitzer:
Lebensdaten

1908 Helmut Gollwitzer am 29. Dezember in Pappenheim als Sohn des Pfarrers Wilhelm Gollwitzer und seiner Frau Barbara geboren. Kindheitsjahre in Bad Steben, Schulzeit in Lindau und am St.-Anna-Gymnasium in Augsburg.

1928 Studienbeginn in München, erster Kontakt mit Georg Merz und dem Chr. Kaiser Verlag. Zum Wintersemester 1928/29 in Erlangen bei Paul Althaus und Oskar Grether, zum Sommersemester 1929 in Jena bei Friedrich Gogarten, zum Wintersemester 1929/30 wieder in Erlangen, zum Sommersemester 1930 in Bonn bei Karl Barth. Im Wintersemester 1931/32 zur Examensvorbereitung, zusammen mit Karl Gerhard Steck, abermals in Erlangen.

1932 Erstes Examen in Erlangen, danach Predigerseminar in München. Im November 1932 wieder in Bonn zur Arbeit an der Dissertation »Coena Domini«, die im Winter 1933 in Lindau weitergeführt wird.

1933 Im Winter vom Prinzen Reuß als Schloßprediger und Prinzenerzieher nach Ernstbrunn bei Wien berufen. Mit diesem öfter auf Reisen zu dessen thüringischen Besitzungen, mit Kontakten zum Bruderrat der dortigen Bekennenden Kirche.

1935 Erste Begegnung mit Martin Niemöller in Köstritz.

1936 Ausbildungsauftrag für junge Bekenntnistheologen in Thüringen. Diskussion mit Dietrich Bonhoeffer in der »Evangelischen Theologie« zur Frage der Kirchengemeinschaft.

1937 Im Frühjahr Ausweisung aus Thüringen durch die Geheime Staatspolizei. Vom Bruderrat der Altpreußischen Union in

Berlin mit dem Referat für theologischen Nachwuchs beauftragt. Promotion bei Karl Barth in Basel. Nach Niemöllers Verhaftung am 1. Juli faktisch dessen Nachfolger in der Dahlemer Gemeinde. In den folgenden Jahren bedeutende Wirkung durch Predigten, Unterricht und Seelsorge. Mitbeteiligt an der Hilfe für Judenchristen und Juden. Kontakte mit Angehörigen des Widerstands. Verlobung mit Eva Bildt, Tochter des Schauspielers Paul Bildt.

1940 Am 3. September Reichsredeverbot und Ausweisung aus Berlin. Kurzer Aufenthalt bei Ernst Wolf in Halle/Saale. Am 5. Dezember zur Wehrmacht nach Potsdam einberufen. Zunächst als Infanterist, dann als Sanitäter eingesetzt.

1945 Im Mai in der Tschechoslowakei in russische Kriegsgefangenschaft geraten. Eva Bildt nimmt sich während der letzten Kampfhandlungen in Berlin das Leben.

1949 Am 31. Dezember Rückkehr nach viereinhalbjähriger Gefangenschaft.

1950 Viermonatiger Erholungsaufenthalt in München. Niederschrift seines Erfahrungsberichts aus der Kriegsgefangenschaft »Und führen, wohin du nicht willst«, der noch in diesem Jahr als Buch erscheint. Vom Sommersemester an Professor für Systematische Theologie in Bonn. Freundschaft mit Gustav W. Heinemann und Hans Joachim Iwand.

1951 Im Frühjahr Heirat mit Brigitte Freudenberg.

1955 Rede auf der Paulskirchen-Versammlung am 29. Januar gegen die deutsche Wiederbewaffnung.

1957 Stark beachteter Vortrag vor der Bonner Studentengemeinde »Wir Christen und die Atomwaffen«. Zum Wintersemester Übernahme der Professur für Evangelische Theologie an der Freien Universität Berlin.

1958 Im Frühjahr erste Reise nach Israel. Teilnahme an der 1. Christlichen Friedenskonferenz in Prag, zu deren frühesten Förderern neben Martin Niemöller und Hans Joachim Iwand Gollwitzer zählt.

1959 Israel-Vortrag auf dem Münchener Kirchentag, dem 1961 die Gründung der Arbeitsgemeinschaft Juden und Christen beim Deutschen Evangelischen Kirchentag folgt.

1961 Einspruch der Basler Behörden gegen Gollwitzers Berufung auf den Lehrstuhl Karl Barths.

1963/ Philosophisch-theologischer Disput mit Wilhelm Weische-
1964 del über »Denken und Glauben«. Im Februar 1964 Mainzer Streitgespräch mit Herbert Braun.

1966 Teilnahme an der Genfer Konferenz »Kirche und Gesellschaft«, ebenso 1968 an der Weltkirchenkonferenz von Uppsala.

1967 Im Juni Demonstration der Studenten gegen den Schah-Besuch in Berlin. Trauerrede auf den von einem Polizisten erschossenen Studenten Benno Ohnesorg.

1968 Vorlesungen an mehreren Orten in den USA; in Atlanta Teilnahme an der Beerdigung des ermordeten Martin Luther King. Gleich nach der Rückkehr, inmitten der Osterunruhen nach dem Attentat auf Rudi Dutschke, zusammen mit Bischof Kurt Scharf Auftreten bei der entscheidenden nächtlichen Diskussion mit den Studenten in der Technischen Universität.

1970 Das Buch »Krummes Holz – aufrechter Gang« erschienen.

1975 Vor der Emeritierung die letzte Vorlesung »Einführung in die Evangelische Theologie«, 1978 als Buch unter dem Titel »Befreiung zur Solidarität« erschienen.

1976 Am 12. Juli Ansprache zur Beerdigung von Gustav W. Heinemann. Er und seine Frau hatten in den zurückliegenden Jahren stets die Ferien gemeinsam mit Gollwitzers im Schwarzwald verlebt.

1978 Am 29. Dezember Feiern zum 70. Geburtstag in Berlin. Dabei wird die Festschrift »Richte unsere Füße auf den Weg des Friedens« überreicht.

1981 Reden bei den großen Friedensdemonstrationen im Juni beim Hamburger Kirchentag und im Oktober in Bonn.

1983 Teilnahme an der Blockade gegen US-amerikanische Raketeneinrichtungen in Mutlangen. Verurteilung wegen Nötigung.

1986 Am 1. Oktober Tod von Brigitte Gollwitzer.

1987/ Noch einmal theologische Vorlesungen an der FU über
1988 Luthers Kleinen Katechismus. Seminar über die Lehre von der Allversöhnung.

1988 Anläßlich der Feiern zum 80. Geburtstag erscheinen im Chr. Kaiser Verlag u.a.»Ausgewählte Werke in 10 Bänden, hg. von Mitarbeitern des Instituts für Evangelische Theologie« an der FU Berlin.

1993 Am 17. Oktober Tod in seinem Berliner Haus.
Am 29. Oktober Dankgottesdienst in der Jesus-Christus-Kirche und Beisetzung auf dem St.-Annen-Friedhof in Berlin-Dahlem.

Auszeichnungen unter anderem:

Theologische Ehrendoktorwürde der Universitäten Heidelberg (1954), Glasgow (1956), Aberdeen (1966); Buber-Rosenzweig-Medaille (1973), Carl-von-Ossietzky-Medaille (1974), Ernst-Reuter-Plakette der Stadt Berlin (1989).

Wolfgang Brinkel
Vorwort

Wenige Monate nach Helmut Gollwitzers Tod erscheint dieses Buch, das an einen vielseitigen Theologen, einen Mutmacher und großen Menschen erinnern soll, dessen Vertrauen in die Lebensverheißung Gottes und dessen tiefe Frömmigkeit das Fundament seines Redens und Handelns gewesen sind.

Helmut Gollwitzers starb am 17. Oktober 1993, wenige Wochen vor seinem 85. Geburtstag, in seinem Haus in Berlin-Dahlem. Es war still geworden um ihn, vor allem seit dem Tod seiner Frau Brigitte am 1. Oktober 1986. Sein großer Wunsch war es seitdem, »ihr nachzusterben«.

Viele Zeitgenossen, die ihn und sein Wirken aus der Nähe erlebt haben, konnten nur schwer mit dem vor allem in der kirchlichen Öffentlichkeit gepflegten Vorurteil, Helmut Gollwitzer sei ein »politisierender«, ein »streitbarer« Theologe – was immer das auch sei – zurechtkommen. Genauer noch: Sie haben diese Plakette je länger, je mehr ignoriert. Denn sie haben Helmut Gollwitzer erlebt als einen Menschen, der sein Leben immer ganzheitlich begriffen hat: als geistliche *und* weltliche Existenz. Dies hatte Konsequenzen für sein theologisches und politisches Reden, weil für ihn Kirche und Welt nicht beziehungslos nebeneinander, sondern aufeinander bezogen existierten. Nur auf diesem Hintergrund war auch zu verstehen, warum er sich einmischte in theologische und politische Fragen und warum er sich auf dem Parkett der Wissenschaft ebenso zu Hause fühlte wie in der Gemeinde vor Ort. Helmut Gollwitzer war unbequem (und insofern auch »streitbar«), weil er nicht aufhörte, wider den Stachel unserer bürgerlichen und volkskirchlichen Behaglichkeiten zu löcken. So wurde er für viele zum Ärgernis: Traditionen und Überlieferungen hinterfragend.

Wie sehr Gollwitzers Wirken im Dienste des Evangeliums stand, das bezeugt eine Fülle von Arbeiten und Veröffentlichungen aus einem Zeitraum von mehr als fünf Jahrzehnten. Dabei ist vor allem sein Eintreten für eine Neubestimmung des jüdisch-christlichen Verhältnisses hervorzuheben. Ihn beunruhigte, daß die jüdische Theologie vom Holocaust weit mehr erschüttert worden war als die christliche, die sehr schnell über Auschwitz hinweggegangen ist und wieder so zu reden versuchte, wie sie es zuvor getan hatte.

Aus der Vielzahl der Nachrufe und Beiträge zum Wirken Helmut Gollwitzers galt es auszuwählen. So ist ein Gedenkbuch entstanden, das die vielen Facetten eines reichen und erfüllten Lebens widerspiegelt. Helmut Gollwitzer hat uns den aufrechten Gang vorgelebt. Das ist ein Vermächtnis an uns, die wir um ihn trauern, die wir aber auch dankbar sind dafür, daß wir Zeugen seiner Menschlichkeit sein durften.

Berlin/Leipzig, im April 1994

Ellen Wagner
Einleitung

Als wir am 29. Oktober 1993 in einem Dankgottesdienst von Helmut Gollwitzer in der Jesus-Christus-Kirche Abschied nahmen, um uns dann in einem langen Trauerzug auf den Weg zum Annen-Friedhof zu machen, wo wir den Sarg mit dem Toten neben seiner Frau Brigitte beisetzten und anschließend noch einmal im Gemeindesaal zum Wiedersehen und gemeinsamen Erinnern zusammenkamen, da hatten wir in kurzer Zeit die Stätten seines Wirkens in unserer Dahlemer Kirchengemeinde durchwandert:

Vor uns stand der Professor und Prediger des Evangeliums auf der Kanzel der Jesus-Christus-Kirche, der Pastor der Bekennenden Kirche in der St.-Annen-Kirche, der Freund, Seelsorger und demütig Betende auf dem Annen-Friedhof und der aufmerksame Zuhörer und politisch sich einmischende Theologe im Gemeindesaal.

Seine Stimme ist nun nicht mehr zu hören. Sie hat sich jedem von uns, der sie gehört hat, unauslöschlich ins innere Ohr eingeprägt: zögernd und eindringlich, um sie jedem einzelnen ins Herz zu sagen, beim Predigen, beim Segen und beim Beten im Gottesdienst oder laut und innig beim Singen der Kirchenlieder, die Helmut Gollwitzer so unvergleichlich beherrschte. Diese Stimme mit ihrer unverwechselbar mittelfränkischen Tönung, die nachdenklich, auch autoritär, aber ebenso eindrücklich fragend oder unwidersprechbar zusagend klingen konnte, immer aber im Grunde einnehmend öffnend, Vertrauen erweckend, wird uns in Dahlem fehlen, in Berlin und wo immer sie zu hören war.

Die Spaziergänge um den Grunewaldsee, wenn Helmut Gollwitzer jedem Kind »Guten Tag« sagte und vor jedem Hund stehenblieb und dabei nach meiner Vorstellung von einem Leben nach dem Tode fragte, kein Spaziergang oder Besuch bei ihm in der Nebinger Straße, der nicht damit endete, daß er sich nach der Dahlemer Gemeinde erkundigte, waren charakteristisch für sein Engagement und Interesse.

Dahlem ist ja nicht nur der Name seiner Evangelischen Kirchengemeinde, sondern auch ein entscheidendes Stichwort im Kirchenkampf und der Bekennenden Kirche, das durchaus auch in diesem Sinne mit Helmut Gollwitzer zusammengehört. Er hat hier gedacht und gewirkt wie sein theologischer Lehrer und Spiritus rector dieser BK-Perspektive Karl Barth. Und er hat so geglaubt und gepredigt: Nicht die Kirche muß geschützt und gerettet werden, damit das Evangelium weitergehe, sondern das Evangelium muß weitergehen, damit Menschen Hoffnung und Weisung finden und darin auch seine Zeugen und das heißt Kirche werden können.

Vielleicht erklärt diese Reihenfolge oder Verhältnisbestimmung von Evangelium und Kirche, daß Helmut Gollwitzer gerade auch als Verkündiger des Evangeliums – und eigentlich war er das ja immer, wo immer und wie immer er sich auch zu Wort meldete – so viele und so verschiedene christliche und nichtchristliche Menschen ansprechen konnte innerhalb und außerhalb gemeindlicher Räume und kirchlicher Zusammenhänge. Er zwang sie niemals erst durch »Kirche« hindurch zum Evangelium, sondern suchte sie vom Evangelium her für die unerhörte Menschlichkeit und Menschenfreundlichkeit zu engagieren, die sich von daher eröffnet und konnte manche dadurch dann auch für »Kirche« nun aber in einem ganz offenen und freien Sinne interessieren oder gar gewinnen.

Auf diesem Wege gewann Helmut Gollwitzer Verbindung mit ungezählten Menschen in vielfältigen Situationen und Problemen; und doch habe ich den Eindruck, daß er darin, so sehr er sich ganz und gar auf seine Gesprächspartner einlassen konnte, nicht nur er selber blieb, sondern es ihm zugleich immer auch um dasselbe zu tun war, nämlich Menschen, »krummes Holz«, die wir sind, zum »aufrechten Gang« zu ermutigen.

Dieses Verbindende im ganz Verschiedenen und Gemeinsame und Einheitliche im Vielfältigen, das eben dadurch doch nicht auseinanderfällt, sondern zusammengehört, finde ich auch in diesem Gedenkbuch wieder. Die in ihm versammelten Erinnerungen an und Anregungen durch Helmut Gollwitzer sind deshalb nicht nur Rückblick, sondern auch Vermächtnis und Ermutigung zum Weitergehen, -hören und -tun darin, worauf es ihm ankam: »Es geht nichts verloren.«

Dankgottesdienst
am 29. Oktober 1993

Liturgie des Dankgottesdienstes

Einleitung: J. S. Bach, Choralvorspiel
»Wachet auf, ruft uns die Stimme«
(aus den Schübler-Chorälen)
Begrüßung und Eingangsworte

Gemeinde: »Nun lob', mein Seel, den Herren«

Auf den Wegen der Thora

Lesung: aus Psalm 119

Chor und
Gemeinde: »Wohl denen, die da wandeln«

Lesung: aus Psalm 119

Musik: J. S. Bach, Partita I h-moll für Violine:
Allemande-Double

Auf Wegen Jesu

Lesung: Johannes 21, 15–19

Gemeinde: »Führe mich, o Herr, und leite«

Predigt: Jeremia 17, 14:
»Heile mich Herr, so werde ich heil.
Hilf mir, so ist mir geholfen.
Denn Du bist meine Hoffnung.«

Chor: »Herzlich lieb hab ich dich, o Herr«

Liturg: Dankgebete

Gemeinde: »Mit Freuden zart zu dieser Fahrt«

Aussegnung und Auszug

Orgel: J. Gottfried Walter: Choralpartita
»Jesu, meine Freude«
J. S. Bach: Präludium c-moll

Friedrich-Wilhelm Marquardt
»Heile mich, Herr, so werde ich heil«

Predigt über Jeremia 17, Vers 14 im Dankgottesdienst
für Helmut Gollwitzer in der Jesus-Christus-Kirche zu Berlin-Dahlem
am 29. Oktober 1993

Liebe Gemeinde,
und in der Mitte der Gemeinde: liebe Helmut-Familien, Ihr Goll-witzers, Bergmanns, Freudenbergs.

Helmut Gollwitzer starb an einem Tag, an dem die Christen der Auferweckung Jesu und seines neuen Lebens gedenken. Der Wochenspruch hieß am Sonntag seines Sterbens:

»Heile mich, Herr, so werde ich heil; hilf mir, so ist mir geholfen. Du bist meine Hoffnung.« Jeremia 17, Vers 14.

Darüber soll die Predigt gehen. – Aber nun lasse ich dieses Wort zuerst noch einmal hören in der Übersetzung Martin Bubers, weil da der hohe »Herr« zum nahen Du wird:

»Heile mich, DU, / dann bin ich heil, / befreie mich, / dann bin ich frei. Ja, DU bist mein Ruhm.«

Du sagen können, war ihm ein tiefstes Bedürfnis seines Wesens. Als ihm Brigittes Du verlorenging, begann er, sich selbst, aber auch seine kleine und große Umwelt anders zu erfahren als zuvor. Wir waren alle berührt, als er nach dem Tod seiner Frau hier auf dieser Kanzel noch einmal zu predigen begann und den ersten Satz »danach« sagte: »Nun singen sie wieder« – und er meinte die Vögel des Frühlings 1987. Wir spürten: Zuvor war ihm alles ver-stummt, Menschenstimmen erreichten ihn so wenig wie die Vogelstimmen, die ihm früher so lebenswichtig waren, daß er jah-relang einen Vogelbauer auf seinem Schreibtisch stehen hatte, freilich mit geöffnetem Gitter: Flattergeister zwischen sich und seinen Büchern. Er brauchte kreatürliche Nähe, und im Geistigen war sie ihm das Du: das seiner Frau, das seiner Freunde und Weg-gefährten, auch das unhierarchische Du im Universitätsinstitut. Leben war für ihn: Vertrauen können – trotz allem, und zwar ganz umfassend. Ihm war ein Grundvertrauen zum Dasein geschenkt;

das machte ihn angstfrei, so schien es uns, in jeder Hinsicht, wie vielen körperlichen, geistigen und seelischen Extremerfahrungen er auch ausgesetzt war: Er glaubte sich getragen, und das gab ihm den Predigermut in der Nazi-Zeit, in der er mehr als einmal die übliche indirekte Rede durchbrach und, wie am 11. November 1938, nach der Nacht der Pogrome, hier in Dahlem ganz offen sprach, Roß und Reiter beim Namen nennend, ohne Rücksicht auf die mitschreibenden Gestapo-Spitzel. Getragen glaubte er sich in den Gefängnistagen am Alexanderplatz – getragen, als Hermann Göring direkt und höchstpersönlich seine Ehe mit Eva Bildt nicht nur behinderte, sondern verbot, er also die Staatsgewalt im persönlichsten Leben aushalten mußte – getragen, als hier in der Dahlemer Gemeinde eine kleine Gruppe beherzter Frauen Juden versteckten, mit gestohlenen Lebensmittelmarken am Leben hielten, auf eine tätige geistliche Existenz im Konzentrationslager vorbereiteten und, da sie den Abtransport nicht verhindern konnten, ihre Schützlinge wenigstens zu Fuß quer durch die Stadt in die Große Hamburger Straße begleiteten; auf verschiedene Weise war Helmut daran beteiligt, Briefwechsel mit Menschen sogar noch in Auschwitz sind erhalten. Was ihn trug, versuchte er als helfende Kraft an die weiterzugeben, die es für ihr Wirken und Leiden noch nötiger brauchten als er selbst.

Getragen glaubte er sich, als er zweimal des Landes verwiesen wurde, aus Thüringen zuerst, aus Berlin dann, und mit dem Reichsredeverbot belegt wurde, so daß er öffentlich stumm gemacht werden sollte; aber er fand andere Wege, hören zu lassen, was er erkannte. Getragen glaubte er sich und nicht erdrückt vom Schulddruck, als er sich der Armee Hitlers nicht verweigerte – getragen in den Gefangenenlagern Sibiriens, wo er mit Heimkehr nicht mehr rechnete. Diese Zeit ist seinem Gedächtnis in den letzten Jahren immer ferner gerückt. Dabei war es mehr als eine Prüfungszeit, nämlich die, in der sein Glauben seine Lutherform bekam und reines persönliches Vertrauen auf einen lebendigen Gott und seine Lebensverheißungen wurde, der in allen Nöten seine Tragfähigkeit bewährte und mehr als ein Spielbegriff akademischer Theologie und Diskussionen wurde. Hier, in dieser Zeit, hat Gollwitzer seine menschliche Du-Bedürftigkeit aus der Wurzel ihrer Kraft erfahren: Der Gott Israels und Jesu war ihm nicht mehr höheres Wesen, sondern zum Du geworden: »Ich werde mit dir und euch allen sein, wann immer ich mit dir und euch allen sein werde.« Dieses Gottesversprechen trug ihn, wie er mir später sagte, »von Aufschub zu Aufschub«, und seitdem war christlicher Glaube für ihn nie mehr etwas anderes als Vertrauen auf Lebensversprechungen Gottes – selbst, nein gerade dann, wenn überhaupt nichts und niemand mehr vertrauenswürdig schien und Mißtrauen gegen alle geltenden und herrschenden Ereignisse, Mächte, Gestalten und Wahrheiten sehr viel angebrachter erschien. In diesem Vertrauen lag Helmut auch in allen späteren Jahrzehnten im Streit, wenn es nötig war; der Liedvers unseres Gesangbuches: »Ich lieg im Streit und widerstreb« drückt keine Rabies theologorum aus, kein protestantisches Zankgelüst, sondern Vertrauensprotest für das Leben und gegen alle gesellschaftlichen, geistigen und seelischen Gestalten von Lebensfeindlichkeit.

Gollwitzer wußte, daß dies ganze Streiten und Widerstreben nicht bayerisch-oberpfälzische Dickköpfigkeit sein durfte, und er bezeugte, daß es nur in der Kraft dessen geschehen sollte, der in den Schwachen mächtig ist, Jesus von Nazareth also. Und so war sein Streiten und Widerstreben und Arbeiten im Tiefsten Ausdruck und Folge seines *Betens:* »Hilf, o Herr Christ, den Schwachen«, und vor allem: *mir* Schwachem.

Es entspricht ihm darum sehr, wenn wir seiner gedenken unter Anleitung des Betens eines an seinem Streiten und Widerstreben immer schwächer werdenden Propheten Israels, des klagenden Jeremia: »Heile mich, Herr, so werde ich heil, hilf mir, so ist mir geholfen. Denn du bist meine Hoffnung.« – Vielleicht reibt sich das mit dem Bilde, das womöglich viele heute von »ihrem Golli« mit hierher in den Gottesdienst gebracht haben. Ein so stark *wirkender,* tätiger Mann! Und ein so *stark* wirkender, stark scheinender Mann! Und nun gedenken wir seiner im Lichte eines Hilferufs aus Heillosigkeit und Hilflosigkeit!

Aber das war es ja: Erfahrung einer immer hoffnungsloseren Heillosigkeit unseres kirchlichen, gesellschaftlichen und auch persönlichen Existierens trieb ihn, seine Haut zu Markte zu tragen. Da sehen wir ihn eben nicht bloß in der Studierstube, auf der Kanzel und dem Katheder, sondern auch im Gefängnis, im Lager, als Straßensperre, als Matratzenträger (wenn auch nur für den Bildreporter) – da steht er unter freiem Himmel, in Zelten, Stadien, auf Podien, Reden haltend: vorbereitet, oft aus dem Stand und nur eben improvisiert – da sehen wir ihn eine Unzahl von Leserbriefen schreiben, Unterschriften für Aufrufe, Memoranden, Pamphlete geben – manchmal dachte ich: Er droht, sich billig zu machen. Er hat das nie gescheut und sich dafür das Fell gerben lassen. Kein Wunder, daß man auch von ihm auf dem Markt nichts Besseres zu schreiben weiß als von seinen Freunden zuvor: Hans Iwand, Kurt Scharf, Heinrich Albertz: ein »streitbarer« Theologe. Wenn es nicht so ein einfallsloses Klischee wäre, wäre es vielleicht wahr. Aber es stimmt dennoch nicht. Nicht nur nach Rußland wurde er geführt, wohin er *nicht* wollte – auch in seinen übermäßigen gesellschaftlichen und politischen Beanspruchungen. Denn das alles war für ihn nur eine von vielen Konsequenzen seines Christseins, und gar nicht war es ihm Bedingung dafür. Er tat es, weil Menschen ihn riefen, es zu tun. Nicht selten trieb Brigitte ihn: Vorwärts und nicht vergessen die Solidarität... Vor Menschenrufen konnte und wollte er sich nicht schützen. Sie wurden die Unruhe seines Lebens, rührten aber die Unruhe seines Geistes auf. Dann »mußte« er, von innen heraus. Nicht selten lief dabei solch Tun seiner Erkenntnis voraus.

Das war jüdisches Geisteserbe: »Wir wollen tun und hören«, rief Israel am Fuße des Sinai dem Mose entgegen: Tun vor Hören, hielten die Rabbiner fest und priesen dies als ein Eigenes ihres Volkes. Erst im Tun lernen wir begreifen und verstehen, was uns nur im Tun und nicht in der Theorie sich erschließt. Das ist denkbar unprofessoral. »Unbedacht« schelten im Talmud Nichtjuden die Juden dafür. Es ist heidnisches Wesen, erst lange zu denken und dann doch nur wenig zu tun, und deutsches Wesen speziell. Hölderlin: »Gedankenreich und tatenarm« seien wir, und er hat wohl noch immer damit recht. Aber doch ist dies biblisch-jüdische Sein in der Tat Antwort auf den Gott, über dessen *Gedanken*reichtum wir allenfalls menschlich, allzu menschlich spekulieren können, von dessen unermüdlichen Taten wir aber zehren und leben.

Was trug ihn, indem der Gott Israels ihn trug? – An dreien seiner Buchtitel können wir es ablesen. Ihm gingen »Forderungen der Freiheit« auf. Ein zweites Buch nannte er »Forderungen der Umkehr«. Ein späterer Predigtband hieß »Vortrupp des Lebens«. *Freiheit – Umkehr – Leben:* Merk- und Wahrzeichen seiner Generation. Freiheit haben wir uns nicht selbst erkämpft: »Zur Freiheit seid ihr befreit worden« – das ist zugleich Christusverkündigung des Apostels Paulus *und* geschichtliche Erfahrung dieser Generation. Beides zählt. – »Kehrt um«, das ist zugleich Grundwort des predigenden Jesus *und* Selbstverständlichkeit und Selbstverständnis wenigstens einiger in dieser Generation geworden. Auch hier: Beides zählt. Jesu Wende-Ruf und die Einsicht: Ohne einen Neubruch im Ganzen geht es nicht. – Und Leben: »Ich lebe und ihr sollt auch leben«, Wort dessen, den Gott vom Tode erweckte, *und* zugleich Überlebenswille von Menschen, die wissen, daß sie ohn' all Verdienst und Würdigkeit noch einmal davongekommen sind. Auch hier: *Beides* zählt – Jesu Auferweckung vom Tod *und* unser Überleben und Überlebenswille.

Alle drei Merkzeichen – Freiheit, Umkehr, Leben – gehören innerlich zusammen. Die Freiheit, die ein Christ meint, ist vor allem Freiheit zur Umkehr: nicht unbedingt festhalten zu müssen an den Überlieferungen der Mütter und Väter, schon gar nicht an alten gesellschaftlichen Verhältnissen, Herrschaften, Lebens- und Denkformen – ist Freiheit, unbefangen und permanent neu anfangen zu können – übrigens auch Freiheit, nicht selbst eine neue Tradition stiften und Schule machen zu müssen. Und umgekehrt ist wirkliche Umkehr, Neubeginn, der gelingen könnte, überhaupt nur in Freiheit möglich; Gollwitzer sagte: Belastet ja nicht die Jungen mit euren Lebenserfahrungen, eurer aufgehäuften Weisheit. Und nicht der Schicksalsdruck der christlichen und deutschen Schuld soll euch zur Erneuerung des christlich-jüdischen Verhältnisses zwingen, sondern freie, bessere Einsicht in die Wahrheit, auch keine Erwartungshaltung, die andere auf euch richten. – Und dann war er der Meinung: Nur in der Bewegungsfreiheit der Umkehr eines immer neuen Beginnens können wir das rundherum so gefährdete Leben von Menschheit und Kreatur retten. Ihm war bewußt: Das alles können keine Regierungs- und Parteiprogramme werden. Dennoch wußte er Leute, die einstehen könnten dafür: die Christengemeinde, die er jenseits aller volkskirchlichen Gehemmtheiten in der Bekennenden Kirche der Hitler-Jahre kennengelernt hatte und die er in Basisgemeinden der südlichen Welt, in kirchlichen Schwester- und Brudergemeinschaften, theologischen Sozietäten wiedererkannte. Er nannte sie »Vortrupps des Lebens« und lernte auch die vielen Basisgruppen unserer Gesellschaft dazuzuzählen, auch sie: Vortrupps eines kommenden Lebens, auf dessen Kommen wir alle angewiesen sind, auch die,

die jetzt noch nicht Einsicht oder Kräfte haben, dabeizusein und mitzutun; jenes Flugblatt der Petersburger Revolutionstage 1917 las er als eine geradezu christliche Chiffre, das in dicken Lettern die Überschrift trug: »An Alle«; er liebte unter den Musikern besonders Heinrich Schütz und hatte die Motette im Ohr mit den Worten »... auf daß alle – alle, alle, alle – nicht verloren werden, sondern das ewige Leben, das ewige Leben haben«. Dies »An Alle« lebte er, als Christ nicht in der festen Burg bleibend; er adressierte sich an das, was draußen vor der Tür sich bewegt, vor dem Tore, wo Jesus starb. Ihm war Jesus nicht drinnen, viel mehr draußen, nicht kirchliche Binnenwirklichkeit, sondern Unterwegs-Mensch.

Freiheit, Umkehr, Leben: Diese drei Gaben nahm er als Aufgaben. Er hat immer wieder – geradezu wie ein Gesetz des Evangeliums – gelehrt: Wo größere Begabung, da größere Pflicht, ganz preußisch. Der Gabe der Freiheit können wir uns – evangelisch gesehen – nur freuen, wenn wir Freiheit verbreiten, befreiend wirken: auf andere und mit anderen für die Befreiung anderer. Auch zur Umkehr sieht er uns höher verpflichtet; wäre es nur geschichtliche Verpflichtung, ließe sich vielleicht von Gnade später Geburt reden; aber permanente Umkehr ist Gebot und Pflicht der *Freiheit*, und die gibt keinen Generationendispens.

Und alles ist Pflicht zu *leben*, die Mentalität der Wegwerfgesellschaft nicht auch noch auf das eigene Leben auszudehnen, sich selbst wegzuwerfen, als lebensunwert zu fühlen und Schluß zu machen. Gerade krummes Holz gekrümmter Seelen ist bestimmt und berufen zu aufrechtem Gang. *Jedem* Leben ist Sinn verheißen, und das gilt gerade, wenn wir auch nicht eine Spur von Sinn greifen können. Daß Helmut Gollwitzer dem theologischen Verschweigen von fast einhundert Jahren die Frage nach dem Sinn des Lebens wieder entriß, ist eine Folge selbsterfahrener Heillosigkeit und Hilflosigkeit im Leben. Er litt selbst an den Wunden der Sinnfrage; und es war ihm nicht vergönnt, vollmundig einfach zu behaupten: Ja, das Leben hat Sinn. Er konnte gedanklich nur betteln und bitten: Sinn ist uns versprochen, verheißen. »Heile mich, DU, und wenn du das tun wirst, werde ich heil. Hilf mir, und wenn du das tun wirst, wird mir geholfen sein. Alles steht in Hoffnung.« Das war reiner Luther in ihm, denn auch Luther wußte: Glaube zehrt nicht von Substanz der Vergangenheit und

Tradition. Er kann nur auf Verheißenes setzen und nur auf Kommendes pochen – wie Jeremia: Du – meine *Hoffnung* bist du.

Freilich: Hoffen können ist auch nur ein Geschenk. Viele bleiben skeptisch: Hoffen und Harren macht viele zu Narren. Und noch mehr *können* einfach nichts mehr hoffen. Bei Helmut gehörte Hoffen können auch zum Basisvertrauen. Seine Mutter trug ihn da bis zuletzt, die Reutiner Pfarrfrau und Münchner Bibelleserin hoch hinauf bis in ihre alten Tage; sie machte ihn zum Muttermenschen.

Aber im Letzten war *Jesus* sein Ziel und seine Hoffnung. Ihm noch einmal rückhaltlos zu eigen werden können, ohne Zerrissenheiten der Pflichten, ihm einmal besser dienen zu dürfen als bisher: in ewiger Gerechtigkeit, Unschuld und Seligkeit. Als er am Luganer See diese seine Hoffnung einmal seinem Lehrer Karl Barth bekannte, drohte der ihm mit dem Finger und sagte: »Helmut, du willst dir wohl doch noch ein goldenes Krönlein von Gott verdienen?!« Barth meinte, wir hätten vor unserem Sterben genug Chancen gehabt, unsere Dienstbereitschaft zu leben. Aber Helmut blieb bei seiner Hoffnung, die ein Gebet war: in einem neuen Leben Gott noch einmal besser dienen zu dürfen als jetzt, Gott auch drüben tätig rühmen zu können: »Ja, du bist mein Ruhm.« – Es schien, als träte Jesus ihm davor je länger je mehr zurück. Vom Gottesmenschen hatte er in der Nazi-Zeit hier in Dahlem viel gepredigt. Später sprach er davon viel leiser, Jesus schien ihm wohl in der Christologie immer weniger gut ausgedrückt, und er verhielt sich dazu, wie Mose es am Sinai gelehrt hat: »Was noch verborgen ist, steht bei dem Herrn. Was aber offenbar ist, gilt uns und unseren Kindern ewiglich, damit wir alle Worte dieser Thora tun.« (5. Mose 29, 29) Jesus ging Helmut entgegen, begierig zu schauen, was uns auch an ihm jetzt doch wirklich noch nicht offenbar ist. Jetzt aber war ihm Jesus sein Herr; ihm nachzufolgen war ihm alles, vor allem: seine Worte hören, bewahren und tun. Jesus öffnete ihm seine Wege, und darin war er ihm die Hoffnung, daß sich ihm auch das Gottesgeheimnis Jesu im neuen Leben erschließen werde.

Und da liegt er nun, tot. Wir haben ihn in seinem alltäglichen Räuberzivil in den Sarg gebettet, nicht in einem Totenhemd: Karohemd und Cordhose. So wartet er darauf, daß Gott und Jesus sein Hoffen erfüllen werden. Und gibt an uns sein Daseinsvertrauen weiter: Er, Gott, lebt, und ihr sollt auch leben wollen. – Wir nehmen diese Weisung auf und tun die erste Tat, Tat aller Taten, und beten für ihn:

Du, heile uns, so sind wir heil. Du, befreie uns, dann sind wir befreit. Du – auch unsere Hoffnung. Amen.

Du bist unsere Zukunft
Gebete

Weil wir mehr an die Macht des Todes glauben als an deine Macht, du Quelle des Lebens, darum sind wir so voll Furcht, voll Trauer und voll Eigennutz. Wir helfen auf vielerlei Weise mit an der Herrschaft des Todes über deine Menschen. Vergib uns das, wir bitten dich, und hole uns heraus aus der Bundesgenossenschaft des Todes hinein in die Bundesgenossenschaft des Lebens, damit wir den Sieg deiner Liebe und deines Lebens deutlich machen jeden Tag neu uns selbst und allen Menschen um uns her in Gedanken, Worten und Werken!

*

Wir danken dir, unser Herr Jesus Christus, du auferstandener Sieger über Tod und Schuld, daß du uns mit solchem Ernst und solcher Güte den Willen deines himmlischen Vaters offenbarst. Wir danken dir, daß du Gottes strenges Gericht für uns alle getragen hast und daß in dir Gottes Erbarmen zu uns gekommen ist.

Wir bitten dich: Mach uns durch deinen Geist zu Menschen des Erbarmens, der Vergebung, der Liebe! Laß uns brüderlich denken und handeln im Umgang mit allen Menschen! Befreie uns von den bösen Geistern der Rachsucht, der Gewinnsucht, des Eigennutzes! Laß uns deinen Willen erkennen in der Wirtschaft und in der Politik und mache uns willig und mutig, für Versöhnung, Frieden und Recht im öffentlichen Leben und im Leben der Völker einzutreten! Laß uns die rechten Lehren aus dem schrecklichen Gericht des letzten Kriegs ziehen! Hilf den verstümmelten und kranken Opfern der Grausamkeit jener Jahre, die noch unter uns leben, und hilf denen, die aus der Trauer nicht herauskommen! Wir danken dir, daß du uns voll Erbarmen aus Hunger und Elend herausgeführt und uns den Frieden so lange erhalten hast. Du siehst, wie die Menschen weiterhin grausam Krieg führen und sich mit entsetzlicher Vernichtung bedrohen. Schau den Jammer der Menschen an und gebiete dem Morden ein Ende! Nimm uns die Greuel der Vernichtungswaffen aus der Hand, hindere alle Kriegsgedanken und fördere alle Pläne des Friedens! Erinnere alle, die Macht über andere Menschen haben, an die Rechenschaft, die du von ihnen fordern willst! Hilf den Entrechteten zum Recht, den Unterdrückten zur Freiheit! Laß die Menschen unseres zerspaltenen Volkes wieder zueinander kommen! Gib uns Frieden mit unseren Nachbarn und gib deinem Volke Israel Frieden mit seinen arabischen Nachbarn! Uns alle mit unseren Aufgaben, Verantwortungen, Sorgen und Nöten, unsere Kranken, Alten und Sterbenden befehlen wir deiner gnädigen Hand und bitten dich um ein seliges Ende und ein ewiges Erwachen in deinem Reiche!

*

Du bist unsere Zukunft, Herr Jesus Christus, und nicht der Tod. Deshalb setzen wir jetzt schon die Hoffnung gegen die Hoffnungslosigkeit, die Freude gegen die Trauer und lassen uns durch nichts irre machen: Du bist der Retter unseres Lebens, und was wir hier schon glauben dürfen, wirst du uns schauen lassen von Angesicht zu Angesicht. Amen.

Helmut Gollwitzer

Nachrufe:
Helmut Gollwitzer 1908 bis 1993

Ruven Moskovitz
Ein Gerechter unter den Völkern

Zusammen mit vielen Deutschen und Menschen überall, die bewegt und beflügelt worden sind von deinem Geist, Wort, Tat und Ausstrahlung, verneige ich mich tief über deinem Grab. Du, Helmut Gollwitzer, bist ein unermüdlicher Apostel gewesen für Menschenliebe und -achtung, für Gewaltlosigkeit, für Gerechtigkeit und grenzenlose Offenheit und Bereitschaft zum Dialog zwischen verschiedenen Glaubensrichtungen, die die menschliche Würde und die Schöpfung Gottes achten.

Weil ich die Ehre und das Glück gehabt habe, dir zu begegnen und dich durch mein Land Israel zu führen, ist mir deine prophetisch-kritische Solidarität und Liebe für das Land und Volk Israel bekannt. Israel ist mindestens nicht weniger deine Heimat gewesen als Deutschland. Während aber dein sterblicher Teil in Berlin ruhen wird, soll dein unsterblicher Geist durch seine ewige Anwesenheit auch in Israel walten und wirken. Ich verspreche dir und denen, die dich lieben, alles was in meinen Kräften noch zu tun möglich ist, ein lebendiges Denkmal zu bauen, um nicht sterben zu lassen deine Hoffnung und liebevolle Botschaft.

Als Chassid Umot Haolem, ein Gerechter unter den Völkern der Welt, bist du würdig, gesegnet zu sein mit dem hebräischen Spruch:

> »Jehi Sichrecha Baruch wetihijeh Nischmat –
> techa zerura bizror Hachaim.«

(Der Nachruf von Ruven Moskovitz wurde im Dankgottesdienst am 29. Oktober 1993 verlesen.)

Wir sind Gerettete.
Wir sind Befreite.
Die Drohungen der Zukunft,
die Furcht und Sorge ums Leben
treibt und quält mich nicht mehr.
Das macht frei dazu,
jeden Tag dankbar
aus Gottes Hand anzunehmen,
ihn auszunützen
für das Reich Gottes:
Für die Menschen neben mir,
für gute,
menschenfreundliche Bestrebungen
und das Leben
vertrauensvoll
Gott überlassen.

Helmut Gollwitzer

Albert H. Friedländer
Sein Leben und seine Lehre bewahren

Helmut Gollwitzer war eine der wenigen großen christlichen Stimmen, die Christen in Deutschland, denen das Versagen der Religion in Nazi-Deutschland stets schmerzlich bewußt war, eine gewisse Selbstachtung vermitteln konnte.

Irgendwo zwischen Dietrich Bonhoeffer und Martin Niemöller stehend, besaß Gollwitzer die Brillanz und die Gelehrsamkeit des ersteren sowie die Führungsqualitäten des zweitgenannten jener christlichen Theologen, die fruchtbare Impulse gaben.

Sogar in seiner letzten großen Lebensphase, den achtziger Jahren, war die Kirche in Berlin-Dahlem stets vollbesetzt, wenn »Golli« predigte. Jene, die kamen, waren jene, die sich an seinen mutigen Kampf gegen Hitler erinnerten – die Generation der sechziger, die in ihm immer noch die Vaterfigur der Rebellen, von der Baader-Meinhof-Gruppe bis zu Rudi Dutschke sahen – und die jungen Studenten und Studentinnen, die er mit evangelischer Leidenschaft anzusprechen wußte.

Gollwitzer war ein Theologe, der das Werk Karl Barths fortsetzte. Er war vorgeschlagen, Barths Stuhl in Basel nach dessen Emeritierung zu besetzen, aber das »Establishment« lehnte ihn wegen seines linken Radikalismus ab. Zu jener Zeit paßte er besser an die Freie Universität Berlin, nachdem er eine Zeitlang in Bonn als Professor der Systematischen Theologie gelehrt hatte.

Lange vorher, zur Zeit, als Hitler 1933 an die Macht kam, hatte sich Gollwitzer als Theologe etabliert, der die kollaborativen »Deutschen Christen« in Thüringen herausforderte. Er lehrte einen unabhängigen, sozialbewußten Glauben auf der Linie der Bekennenden Kirche. Von seinem Lehramt 1937 verwiesen, kam er nach Berlin und folgte Niemöller in Dahlem nach, als dieser Hitlers »persönlicher Gefangener« geworden war.

In Berlin forderte Gollwitzer kontinuierlich die Nazi-Herrschaft heraus. In einer für ihn typischen Predigt sagte er 1939:

»Gottes Wort sagt uns ..., daß unser Volk eingeordnet leben soll in die Gemeinschaft der Völker, daß sein Recht nicht das alleinige Recht ist, ... daß das Ziel des politischen Handelns nicht der Kampf, sondern der Friede sein muß. (...) Es sagt uns, daß das Blut der Unschuldigen eine Stimme hat, die vom Lenker der Geschichte gehört wird. Wer soll dem Volk ... dies helfende, warnende Wort sagen, wenn die Kirche es nicht tut?« (In: Predigten »... und lobten Gott«, Neukirchen 1964, S. 166)

Nach der Besetzung Frankreichs warnte er, daß Eroberungen den Weg zu Gott nur blockierten, daß die Stimme des Gewissens in Deutschland verstummt sei. Danach wurde er aus Berlin vertrieben und entging dem Konzentrationslager nur dadurch, daß er als Sanitäter diente. Er wurde von den Russen gefangengenommen und lange Jahre als Kriegsgefangener festgehalten. Ende 1949 kehrte er nach Deutschland zurück. Sein großartiges Buch »Unwilling Journey« (dt.: »... und führen, wohin du nicht willst«), das diese Geschichte erzählt, machte ihn zu einem Begriff in Deutschland. Unter seinen vielen Büchern, die ins Englische übersetzt wurden, sind zu nennen: »The Dying and Living Lord« (1960) (dt.: Jesu Tod und Auferstehung nach dem Bericht des Lukas, 1941); »The Demands of Freedom« (1965) (dt.: Forderungen der Freiheit, 1962); »The Rich Christians and Poor Lazarus« (1970) (dt.: Die reichen Christen und der arme Lazarus, 1968).

Helmut Gollwitzer war die radikale Stimme des Gewissens im Nachkriegsdeutschland, der die Wiederbewaffnung bekämpfte, der gegen Ungerechtigkeiten protestierte, der mit den Leuten auf der Straße genauso in Berührung war wie mit den Großen (der deutsche Bundespräsident Gustav Heinemann war sein engster Freund), der sich an überkonfessionellen Gesprächen beteiligte. Meine wärmsten persönlichen Erinnerungen an Golli hängen mit dem Evangelischen Kirchentag zusammen. Gollwitzer war mitten unter den Teilnehmern der Gruppen »Juden und Christen beim Deutschen Evangelischen Kirchentag«. Tausende waren gekommen, um sich die oft widersprüchlichen Ansichten unserer Gruppenmitglieder anzuhören. Mit ihm in der ersten Reihe zogen sie zu jenen ehemaligen Konzentrationslagern, die in der Nähe der Städte lagen, in denen der Kirchentag stattfand.

Golli liebte Kinder und entdeckte zu seiner Freude, daß meiner kleinen Tochter verlorener Milchzahn in ihrem geschlossenen

Mund für seine geliebte Pfeife eine passende Lücke bot. Wir konnten uns streiten und taten es auch, da seine evangelische Christlichkeit sich manches Mal von meinem jüdischen Glauben herausgefordert fühlte. Aber seine Besorgnis um und seine Unterstützung für das jüdische Volk in den Zeiten der Verfolgung waren ein helles Licht in einer Gesellschaft, die den Verlust nur schwer verkraften kann, diesen »großen alten Mann« der deutschen Christenheit. Sein Leben und seine Lehre müssen für die nächste Generation bewahrt werden!

(aus: The Independent, 28. Oktober 1993; aus dem Englischen von Ulrich Wagner)

Helmut Gollwitzer am 26. März 1939 mit Konfirmanden auf dem Weg zum Gottes-dienst in der Jesus-Christus-Kirche in Berlin-Dahlem.

Ekkehard Loerbroks
Gelebter Glaube als Lehrer, Seelsorger und Freund

Helmut Gollwitzer kam 1938 in unsere Gemeinde Dahlem als Vertreter von Martin Niemöller und übernahm somit auch dessen Konfirmanden. Ich hatte gerade ein Jahr Konfirmandenunterricht gehabt, davon nur das erste Vierteljahr bei Niemöller selbst bis zu seiner Verhaftung am 1. Juli 1937. Wir konnten freiwillig ein zweites Jahr Unterricht nehmen, ein Angebot, das unsere Gruppe geschlossen wahrgenommen hat. Sofort merken wir: Mit Helmut Gollwitzer – er war damals noch keine 30 Jahre alt – kam ein frischer Elan, ein ganz neuer pädagogischer Stil auf uns zu. Mit Leidenschaft erklärte und diskutierte er, was damals sonst völlig unüblich war: Die Sätze des Glaubensbekenntnisses, Luthers und Paul Gerhardts Lieder und die Konsequenzen aus alldem für unser tägliches Leben als Heranwachsende in einer Zeit, in der unsere Gemeinde bedrängt, unser Pfarrer im Konzentrationslager war – das waren die Inhalte seines Unterrichts. Er ließ viel Theologie darin einfließen, auch griechische Passagen aus dem Neuen Testament (für uns etwas arrogante Arndt-Gymnasiasten sehr beeindruckend!). In der Abendmahlslehre machte er uns mit Grundgedanken seiner Dissertationsschrift »Coena Domini« vertraut, wobei er die hohe Theologie in einfachen, unmittelbar eingehenden Beispielen und Erklärungen verdeutlichen konnte. In der Tauflehre vertrat er – vor uns Jungen jedenfalls – damals noch ungebrochen die Kindertaufe und diskutierte offen mit einem von uns, der sich dagegen »empörte als eine Vergewaltigung durch meine Eltern«! Und eben diesen rief er in der öffentlichen Konfirmandenprüfung zum Thema Taufe auf, deutete ihre Meinungsverschiedenheit an und schloß in typisch Gollwitzerscher Weise: »Aber nicht wahr, mein Lieber, soweit können wir uns doch einigen ...«

Zehn Jahre später, als ich in der Studentengemeinde mit vielen Theologen zusammenkam, hat man mir kaum glauben wollen,

daß ich mein »theologisches Wissen« allein in dieser Zeit des Kon-
firmandenunterrichts erworben hätte, daß es da ein Pfarrer fertig-
gebracht habe, mit 15jährigen Jungen über Fragen der Theodizee,
der Prädestination und über anderes mehr zu diskutieren und
ihnen seine Denkansätze zu vermitteln, seine Art, Probleme aus
den Worten und Inhalten der Bibel heraus anzugehen.

Außerdem waren wir natürlich regelmäßig Hörer seiner Predigten. Wir erlebten zum Beispiel den oft zitierten Bußtagsgottes-
dienst am 16. November 1938 im überfüllten Großen Saal des
Gemeindehauses, eine Woche nach den Novemberpogromen
gehalten, in dem er unser aller Schuldverstrickung aufwies und
die auf uns zukommenden Kriegsereignisse als nahendes Gottes-
gericht bezeichnete – sicher wohl selbst noch nicht ahnend, wie
sehr vor diesem Gericht unsere eigene Hybris sich noch bis ins
Unermeßliche steigern würde.

Nach der Konfirmation (26. März 1939) blieb ich mit Helmut
Gollwitzer eng verbunden, zusammen mit den Freunden unserer
Dahlemer »Evangelischen Jugendarbeit«, zu denen auch die
Geschwister Freudenberg gehörten, also auch Helmuts spätere
Frau Brigitte. Im September 1940 erfolgte seine »Ausweisung aus
Groß-Berlin« und die Verhängung des »Reichsredeverbotes«. Er
wich nach Klein-Machnow aus und wurde bald darauf Soldat – ein
Versuch, ins Soldatsein hinein sein Leben zu retten! Von uns
Jugendlichen nahm er einen bewegenden Abschied mit den blei-
benden Worten des Matthias Claudius in seinem »Vermächtnis an
meinen Sohn Johannes«. Diese kleine Schrift und Gollwitzers
Predigtband »Wir dürfen hören…« waren stets in meinem
Gepäck, als bald darauf auch ich mit meinem Jahrgang Soldat
wurde. Die Kriegsereignisse verstreuten uns in alle Winde, und
viele, viele kamen nicht mehr zurück.

Vorher hatte Gollwitzer uns noch als Leiter für unsere Jugendarbeit – nach einigem Zögern der Bescheidenheit! – seinen älteren
Bruder Gerhard vermittelt, von dem er bis an sein Lebensende
mit ganz großer Zuneigung und Dankbarkeit gesprochen hat. Die
Freundschaft auch mit Gerhard hat mich sehr eng an die Gollwit-
zer-Familie, in diese hineingebracht. Durch ihn erfuhr ich dann
auch nach dem Krieg, daß Helmut lebte, daß Verbindung zu ihm
bestand, auch ich selbst ihm in sein Lager schreiben konnte, dann
auch von seiner Berufung nach Bonn und schließlich, an der Jah-

reswende '49 auf '50: Helmut ist frei, ist zu Hause, aus russischer Kriegsgefangenschaft heimgekehrt, gesund!

In den folgenden Jahren waren unsere Kontakte sporadisch, Briefe und einige Treffen. Helmut nutzte sie aber jedesmal, um mich auf Fragen von psychosomatischen Zusammenhängen, über die Rolle der Seelsorge im Krankenhaus-»Betrieb«, auf das christliche Bekenntnis in einem »Laienberuf« anzusprechen und mich zu ermutigen.

Als mir die Haltung der Landessynode, der ich angehörte, zu sehr von lutherischer Staatstreue geprägt erschien, wollte ich das Amt aufgeben. Helmut schrieb mir: »Denke immer daran, daß die heutigen Lutheraner von Luther genauso weit entfernt sind wie die heutigen Marxisten von Karl Marx und bleibe in Deiner Synode!« – Eine klassische Gollwitzer-Argumentation!

Nach mehreren Zwischenstationen kam ich 1970 zurück nach Berlin. Sofort nahmen Helmut und Brigitte wieder die alte Beziehung zu mir auf. Dabei fragten sie mich, ob ich neben der freundschaftlichen Verbundenheit mit ihnen auch bereit sei, sie ärztlich zu betreuen. Brigitte war zart und hatte Gesundheitsprobleme, mit denen sie aber sehr souverän umging. Helmut dagegen war robust und sehr stabil. Hausarzt bei Gollwitzers zu sein, bedeutete aber zunächst für mich, die ärztliche Begleitung von Gustav Heinemann zu übernehmen, der in seinen letzten Lebensjahren über lange Zeiten hin bei Gollwitzers wohnte. Damals lernten wir alle vier miteinander und aneinander, auf die Grenzen zu achten: von der Betreuung zur Versorgung, von ärztlichem Rat zur eigenen Entscheidung des Patienten, von Begleitung zur Behandlung.

Das hat uns vorbereitet auf die schwere Zeit, die dann 1986 mit Brigittes Krankheit über Gollwitzers hereinbrach. Es bedurfte nicht vieler Worte zwischen ihr und mir. Nach Stellung der Diagnose (6. August 1986) machte sie sich in der Zuversicht des Glaubens so entschlossen auf den letzten Weg, daß der Tod sie heimholen konnte (1. Oktober 1986), noch ehe stärkere, von mir befürchtete körperliche Qualen sie hätten zerstören können.

Dann begann das allerengste, intimste Zusammensein von Helmut und mir – zuletzt oft mehrfach täglich –, in seinen letzten Lebensjahren bei abnehmender geistiger Spannkraft und zunehmender körperlicher Beeinträchtigung. In dieser Zeit konnte ich ihn immer näher, unmittelbarer erkennen, ohne den Abstand des

Pfarrers, des Professors, des bekannten und berühmten Friedens-kämpfers. Er blieb bis zuletzt ein Mensch, der aus seinem *Glauben* heraus lebte, aus dem Glauben an Gottes liebende Hinwendung zu *jedem* Menschen.

Er war und blieb ein Mensch der *Freude.* Sehr bewußt hatte er ja schon eines seiner frühesten Bücher »Die Freude Gottes« genannt, einen Kommentar zum Lukas-Evangelium, der aus einer Dahlemer Predigtreihe entstanden war. Die Freude an Gottes guten Gaben für uns hier in dieser Welt hat ihn erfüllt und hat aus ihm gestrahlt bis zum letzten Tag seines Lebens.

Er war und blieb ein Mensch der *Demut.* Die Innigkeit seiner Gebete, die Schlichtheit seiner Sprache, die Andacht, mit der er das Abendmahl austeilte: Nur wer seine Gottesdienste erlebt, mit ihm gefeiert hat, konnte das eigentliche Wesen von ihm spüren und erfassen. Er war und wollte nichts anderes sein als ein Kind Gottes, sich ihm ganz hingebend, ohne Vorbehalt und Einschränkung.

Er war und blieb ein Mensch der *Dankbarkeit.* Nie habe ich ihn klagen oder gar anklagen gehört, auch nicht am Sterbebett seiner lieben Brigitte. Seine tiefe Trauer löschte doch die Dankbarbeit nicht aus für die Fülle der Gnade, die Gott ihm auch in dieser Lebensgefährtin gewährt hatte.

Und immer wieder, bis in seine letzten Lebenstage, fragte er, ob ich mir auch dessen bewußt sei, daß wir die längste Friedensperiode erleben, die es je in Mitteleuropa gegeben hat, ohne daß wir Deutschen uns das »verdient« hätten – und er war dankbar dafür!

In seinen allerletzten Wochen kam dazu noch die geradezu überschwengliche Dankbarkeit dafür, daß sich für sein geliebtes Israel ein Friedensprozeß abzeichnete. »Und daß ich das noch erleben darf!«

So sah Helmut Gollwitzer sein Leben erfüllt in der Fülle der Gnade Gottes, wie es auf dem Grabstein steht, wo wir ihn neben seiner Frau Brigitte zur letzten Ruhe gebettet haben.

Dietrich Goldschmidt
Anwalt der Menschlichkeit

Liebe Familien Gollwitzer, Freudenberg und Bergmann!
All ihr Alten und Jungen hier im Saal:
Freunde Helmut Gollwitzers!

Am Vormittag des 17. Oktober wollte Helmut Gollwitzer, emeritierter Professor für Evangelische Theologie an der Freien Universität Berlin, aus dem Obergeschoß seines Hauses in Dahlem heruntergehen. Auf der Treppe traf ihn ein tödlicher Schlaganfall.

Wir trauern um ihn und versuchen, uns zu vergegenwärtigen, was er unverwechselbar für seine Universität, in Sonderheit für die Studentenbewegung, für seine Kirche, für Berlin, für Deutschland in West und Ost bedeutet hat. Neben vielen anderen Gruppen hat die »Arbeitsgemeinschaft Juden und Christen beim Deutschen Evangelischen Kirchentag« ihm besonders zu danken. Ich folge gern der Bitte, hier auch für diese Arbeitsgemeinschaft zu sprechen.

Nach dem ersten gemeinsamen öffentlichen Auftreten einer Arbeitsgruppe »Juden und Christen« auf dem Deutschen Evangelischen Kirchentag in Berlin, Juli 1961, saßen wir zu dritt im Hotel am Steinplatz: Helmut Gollwitzer, einer der Initiatoren der neuen Begegnung von »Juden und Christen«, Joachim Beckmann, Präses der Evangelischen Kirche im Rheinland, und ich. Gollwitzer rechnete damit, daß er zum Nachfolger seines Lehrers und Freundes Karl Barth nach Basel berufen werden würde, und fragte, ob er gegebenenfalls annehmen solle. Darauf Beckmann sinngemäß: »Helmut, gehst du nach Basel, so wirst du – wie so manche andere – eine Dogmatik schreiben. Laß sie es tun. In Berlin bist du unersetzlich als Theologe, der die christliche Stimme innerhalb und außerhalb der Universität unüberhörbar zur Geltung bringt und sich im Sinne Martin Buberscher Theopolitik in die öffentlichen

Angelegenheiten einmischt.« Die Baseler Herren nahmen Gollwitzer die Entscheidung ab: Der Ruf blieb aus, weil man dort seine Einstellung zum Kommunismus »unklar« fand. Nach seinen eigenen Worten wurde er so davor bewahrt, »Professorentheologie für Theologieprofessoren« zu schreiben.

Gollwitzers Entwicklung ist durch markante Erfahrungen im Lauf seines Lebens gekennzeichnet, die ihn zu jener einzigartigen Persönlichkeit im öffentlichen Leben haben werden lassen, als die er von den einen als hochrangiger Wissenschaftler respektiert und als prophetischer Prediger verehrt, von anderen als sozialistischer Idealist und Unruhestifter abgewiesen, aber von zahlreichen ehemaligen Schülern und Studenten als väterlicher, ja, brüderlicher Freund und Fürsprecher geliebt worden ist.

Als Sohn eines Pfarrers wurde er 1908 in Bayern geboren und ist dort aufgewachsen. Er hat überwiegend in Erlangen studiert, hat dort 1932 sein erstes Examen abgelegt. Gollwitzer hat in seiner lebenslangen weltoffenen Entwicklung seine lutherische Basis nie preisgegeben. In Bonn war er 1930 erstmals Karl Barth begegnet. Langjährige Freundschaft, theologische Verwandtschaft und politische Affinität nahmen hier ihren Anfang. Eine weitere Wegmarke seines Studiums wurde ein Semester in Jena bei Friedrich Gogarten: Durch Lektüre Ferdinand Ebners wurde er mit Martin Bubers Philosophie des Ich-Du-Verhältnisses und des Dialogs vertraut. Neben der Wahrnehmung verschiedener beruflicher Stationen gelang es ihm 1937, bei Karl Barth zu promovieren. Seine Dissertation »Coena Domini« trug den bezeichnenden Untertitel »Die altlutherische Abendmahlslehre in ihrer Auseinandersetzung mit dem Calvinismus, dargestellt an der lutherischen Frühorthodoxie«.

1933 wandte sich Gollwitzer der Bekennenden Kirche zu. Im Kirchenkampf der Nationalsozialisten 1937 aus Thüringen ausgewiesen, wurde er nach Niemöllers Verhaftung im Juli 1937 mit dessen Vertretung in der Gemeinde Dahlem betraut. Hier beteiligte er sich an der Hilfe für Judenchristen und Juden. Damit war eine weitere Weiche für sein ganzes Leben gestellt.

Am 5. Dezember 1940 wurde Gollwitzer zur Wehrmacht einberufen, zunächst als Infanterist, dann als Sanitäter eingesetzt. Im Mai 1945 geriet er in das Elend russischer Kriegsgefangenschaft, aus der er erst am 31. Dezember 1949 heimkehrte. Sein vielfach aufgelegter Bericht»... und führen, wohin du nicht willst« zeichnet sich aus – charakteristisch für Gollwitzer – durch seine Achtung vor, ja, seine Liebe zu den Russen, seine Skepsis gegenüber dem real existierenden kommunistischen System und durch seinen Eifer, die Werke der marxistischen Theoretiker zu studieren. Aus diesem Studium erwuchs sein lebenslanges Bemühen um einen fruchtbaren Dialog zwischen Christen und Marxisten, wie er unter seiner Beteiligung besonders in der Prager Christlichen Friedenskonferenz stattfand.

Dieses Bemühen führte auch zu seiner Förderung des *Argument*. Seit der Gründung dieser zunächst linksliberalen, doch bald marxistischen Zeitschrift hat er viele Jahre zu ihren ständigen Mitarbeitern gehört. Sie war für ihn ein Forum zur Klärung sozialphilosophischer, vor allem marxistischer Fragestellungen. Als leidenschaftlicher Meister freimütiger Debatten drang er darauf, daß unter anderem »die Diskussion, die nötig ist«, »*gemeinsam* geführt wird, nicht in jedem der beiden Lager ... getrennt und gegeneinander« (Sowjetkritik und Antikommunismus, in: *Argument* 113/1979, 82 ff.). Seine große Weltoffenheit und sein Engagement für soziale Gerechtigkeit zeigten sich auch in seiner wiederholten Mitwirkung bei der »Volksuniversität« jeweils während der Pfingstwoche in Berlin. In einer bewegenden Sympathieerklärung für Gollwitzer anläßlich dessen 80. Geburtstags hat der atheistische Linke Wolfgang Fritz Haug Gollwitzers weite Zugänglichkeit und sein Verständnis für jeden, der ihm begegnete, gerühmt: »Er war der Seelsorger der Studentenbewegung.« (*Argument* 172/1988, 797)

Zurück zur Chronologie: 1950 begann Gollwitzer, als Professor für Systematische Theologie an der Universität Bonn zu lehren, und trat bald als nimmermüder Gegner deutscher Wiederbewaffnung und jeglicher atomarer Waffen in der Öffentlichkeit hervor. 1957 folgte die Übernahme der Professur an der FU Berlin, die er bis zu seiner Emeritierung 1975 wahrgenommen hat. Wir erinnern uns zunächst zahlreicher politischer Einmischungen, so besonders bedeutender Daten und Einflußnahmen: 1967 als »Anwalt« demonstrierender Studierender; 1967 Trauerrede auf den von einem Polizisten erschossenen Studenten Benno Ohnesorg; 1968 während der Osterunruhen auch Auftritt mit Bischof Kurt Scharf in der Technischen Universität, um die Studierenden nach dem

Attentat auf Rudi Dutschke vor Ausschreitungen zu bewahren; 1976 Grabrede für Ulrike Meinhof mit dem Bekenntnis: »Jeder Mensch ein Gottesmensch«; 1980 Beisetzung des ihm zum Diskussionspartner und Freund gewordenen Rudi Dutschke, der ganz in der Nähe von Brigitte und Helmut Gollwitzer in Dahlem bestattet wurde; 1981 aus Solidarität mit den Hausbesetzern Einzug in deren Haus in Berlin-Kreuzberg mit einer Matratze auf den Schultern.

Gollwitzer hat seine verständnisvolle und vermittelnde Haltung gegenüber den revoltierenden Studenten wiederholt dargelegt, so im *Tagesspiegel* (16. 2. 1969): Die Universität versage vor allem vor der Aufarbeitung der Geschichte, vor der Frage nach dem Sinn der Wissenschaft und deren gesellschaftlicher Verantwortung, vor der notwendigen Reform des Lehrbetriebs: »Wir Älteren haben an uns strengere Anforderungen zu stellen als an die Jüngeren. Von uns, nicht von ihnen, haben wir zuerst Verstehen und unermüdliche Geduld zu verlangen; sie haben wir zugleich als gleichberechtigte Partner *und* als unerfahrene Jugend anzusehen.« Seine politische Nähe zu Studenten wie Rudi Dutschke zeigt sich in seinem Bekenntnis zu einem Satz Adolf Grimmes aus dem Jahr 1946: »Sozialisten können Christen sein; Christen müssen Sozialisten sein.« (»Muß ein Christ Sozialist sein?« In: *Festschrift für Kurt Scharf,* 1972, 151)

Gollwitzer war kein Mann des unreflektierten politischen Aktionismus, sondern der wachen Reaktion bei gleichzeitiger ständiger Reflexion in einem weiten Spektrum. Seine Bibliographie zählt über eintausend Titel: Bücher, Aufsätze, Kurzartikel, Rezensionen. Seine Hauptwerke lassen sich nach Friedrich Wilhelm Marquardt in folgende grobe Ordnung bringen (Bibliographie Gollwitzer, 1988, 27): Prolegomena zur Dogmatik: *Denken und Glauben,* hervorgegangen aus einem philosophisch-theologischen Disput mit Wilhelm Weischedel, 1965; Gotteslehre: *Die Existenz Gottes im Bekenntnis des Glaubens,* 1963; Christologie: *Von der Stellvertretung Gottes; Zur Frage der Sündlosigkeit Jesu,* 1967; Versöhnungslehre: *Krummes Holz – aufrechter Gang – zur Frage nach dem Sinn des Lebens,* 1970; Forderungen der Freiheit: *Aufsätze und Reden zur politischen Ethik,* 1962.

Vielfältige, leidenschaftliche Begegnungen Gollwitzers mit dem Judentum – sei es in Israel, sei es in Deutschland vor allem auf den Kirchentagen seit 1959 – spiegeln sich hauptsächlich in den Veröffentlichungen der Arbeitsgemeinschaft »Juden und Christen« beim Deutschen Evangelischen Kirchentag wider. In ihrem Auftrag hat Gollwitzer zusammen mit der jüdischen Politologin Eleonore Sterling 1966 den Sammelband *Das gespaltene Gottesvolk* einschließlich eigener Beiträge herausgebracht. Von grundsätzlicher Bedeutung ist Gollwitzers Auseinandersetzung mit dem Rabbiner Robert Raphael Geis: der sogenannte Purim-Streit um die Zulässigkeit von christlicher Judenmission (*Leiden an der Unerlöstheit der Welt – Robert Raphael Geis 1906–1972*, D. Goldschmidt [Hg.], 1984, 225–275). Deren Ablehnung ist unabdingbare Voraussetzung für die Arbeit der Arbeitsgemeinschaft. Ohne sich dieser Position ganz anzuschließen, findet Gollwitzer zu einer den Streit abschließenden brieflichen Äußerung vom 3. Juni 1964, die der jüdische Partner mit großem Dank akzeptiert:»Vielleicht sind wir in dem, was wir sagen können, am Ende dieses Prozesses nicht näher beieinander als bisher, aber wir sind andere, nicht mehr die Bisherigen – und vor allem: wir sind über die Distanz dessen, was wir sagen können, im Leben beieinander, Brüder geworden; das ist das Ökumenische, was ich jetzt in Ansätzen geschehen sehe, genau so, wie in der christlichen Ökumene auch, ein sehr wichtiger Vorgang, von Gott her kommend, und das gehört zum Tröstlichen in dieser untröstlichen Zeit.« (273)

Aus dem Werk Gollwitzers sei hier auch seine sehr bezeichnende Antwort auf die Frage nach Sinn und Hoffnung im menschlichen Leben herausgegriffen. Immer wieder sieht er sich von der politischen und gesellschaftlichen Situation, wie sie sich ihm aufdrängt, herausgefordert, »einerseits aufzuspüren, wie es auch im Politischen dem einzelnen Leben um Sinngewinnung geht: darum also dieses Einzelne gegen die Aufsaugung durchs Kollektiv zu verteidigen und zur Geltung zu bringen. Andererseits wurde mir wichtig«, so schreibt er, »der gesellschaftlich-politischen Zielsetzung als Hoffnung für die in gegenwärtiger Sinnlosigkeit sich zerreibende Einzelexistenz nachzugehen mit der Frage nach dem Grund, aber auch nach der Grenze dieser Hoffnung.« (*Krummes Holz . . .*, 9).

Altes und Neues Testament gehören für ihn gleichwertig zusammen. Der eschatologischen Hoffnung und Aufhebung von Leid und Geschrei am Ende der Zeiten stehen Weisung und Ver-

Brigitte und Helmut Gollwitzer im Oktober 1950 in Bonn

halten gegenüber, täglich zum Guten und auf ein endliches Heil aller Menschen, auf »Veränderung im Diesseits« (*Veränderung im Diesseits – Politische Predigten,* 1973) hinzuwirken. Die Auflösung zwischen Hoffnung für diese Zeit, diese Gesellschaft und Hoffnung für das Ende der Zeiten mußte Gollwitzer uns schuldig bleiben.

In der Praxis gibt es allerdings für Gollwitzer, den Anwalt des Rechts der anderen, keinen Zweifel; er nimmt Partei für die Kritiker unserer Gesellschaft; nur so wird er für die anderen etwas tun können. Und gefragt nach der großen Perspektive, die den Christen erlaubt, nicht gebeugt vom Zweifel am Sinn dieser Welt wie krummes Holz dazustehen, sondern den aufrechten Gang derer zu gehen, die sich des Sinns ihres Lebens gewiß sind, gibt er eine wahrhaft jüdisch-christliche Antwort: »Die biblische Botschaft aber spricht zu uns nicht als zu Betrachtern, sondern zu uns als zu Existierenden; sie gibt uns nicht, was wir als Betrachter verlangen, sondern was wir Existierenden heute brauchen; sie beantwortet uns nicht alle wichtigen, sondern nur die unaufschiebbar dringlichen Fragen.« (*Krummes Holz...,* 377)

Zu den vielfältigen weiteren Engagements Gollwitzers, die stets seine großherzige Freundschaft einschlossen, müssen Stichworte genügen: so vornehmlich sein Einsatz in der genannten Arbeitsgemeinschaft »Juden und Christen«, in der Aktion Sühnezeichen/Friedensdienste, beim Komitee für Grundrechte und Demokratie, zusammen mit seiner Frau in der Gustav-Heinemann-Initiative und mit ihr auch Teilnahme an Ostermärschen und 1983 an der Sitzblockade in Mutlangen. Zu seinen Ehrungen zählen die Ehrendoktorwürde der Universitäten Heidelberg (1954), Glasgow (1956), Aberdeen (1966) sowie die Buber-Rosenzweig-Medaille (1973), die Carl-von-Ossietzky-Medaille (1974) und die Ernst-Reuter-Plakette der Stadt Berlin (1989).

Zu gedenken ist vor allem auch Gollwitzers Lebensgefährtin Brigitte. 1951 hatten sie geheiratet. Ihre stetige Zuwendung gab seinem vorwärts drängenden Temperament Halt. Ihr Tod am 1. Oktober 1986 wurde für Helmut zum Anlaß, sich schrittweise aus seinen Verpflichtungen zu lösen. Die Alterserscheinungen nahmen zu; er ertrug sie klaglos; er sah sich auf dem Weg zu seinem Herrn.

Nach seinem Tod fand sich auf seinem Bett der Brief eines Schulbuchverlegers mit der Bitte um Erlaubnis zum Nachdruck folgender Äußerung aus dem Jahr 1975. Dieses Zitat sagt über Helmut Gollwitzer mehr, als Dritte auszudrücken vermögen: »Habe ich eine Begabung, dann ist das im Leib Christi eine Stufe nach unten, nicht eine Stufe nach oben. Dann bin ich tauglich zum Diener, nicht zum Herrn. Dann gibt das nicht mir das Recht, von dem andern mehr zu verlangen, sondern es gibt dem andern das Recht, mich mehr zu beanspruchen. Das Glück, das mit einer Begabung sicher verbunden ist, besteht nicht mehr darin, mehr zu haben von den anderen, sondern mehr zu sein für die anderen.«

Klaus Vack
Engagiert für Gewaltfreiheit und Menschenrechte

Liebe Freundinnen, liebe Freunde,
sehr geehrte Damen und Herren!

Helmut Gollwitzer war für viele, auch für mich und meine Familie, ein großer Lehrmeister, ein vorbildhafter Mitstreiter und vor allem persönlicher, liebevoller Freund und Genosse.

Ich will es auf meine Frau Hanne, unsere Töchter Sonja und Aicha und mich selbst beziehen, wenn ich sage: Golli war für uns zusammen mit unserer viel zu früh verstorbenen Freundin Brigitte Gollwitzer ein schier unverbrüchlicher Anker in den stürmischen, wellenbewegten, streitbaren Jahren, in denen zum Beispiel ich mich seit 1959 engagiere.

Ich hatte bereits viel von Helmut Gollwitzer gehört und selbstverständlich gelesen, als wir uns 1962 zum ersten Mal persönlich beim Ostermarsch begegneten, den wir damals Jungen mit der Rückenstärkung der »Alten«, darunter Golli, organisiert hatten.

Damals entstanden dann jene »väterlich« und »mütterlich« begleiteten Freundschaften zu Elsa und Adolf Freudenberg, Brigittes Eltern und Gollis Schwiegereltern und zu Golla und Golli – Freundschaften, die ungetrübten Bestand hatten bis zum Tode und die wirkten und wirken werden über den Tod hinaus.

Für immer ist dabei in mein Gedächtnis gebrannt der erste Satz aus Gollis Rede auf jener Frankfurter Ostermarschkundgebung: »Es ist dies das erste Mal, daß junge Deutsche nicht in den Krieg marschieren, sondern für den Frieden.«

Später war es mir eine große Anerkennung, als mir Brigitte auf einem Spaziergang in Dachsberg sagte: »Klaus, du kannst von Helmut fast alles verlangen, was du willst. Wenn er irgendwie kann, wird er dabei sein.«

Bei einem so langen und erfüllten Leben lassen sich nur einige Stichpunkte im gemeinsamen Engagement benennen, einem politischen Wirken für die andere Bundesrepublik, für ein Land der Menschenrechte und der Geschwisterlichkeit. Ob Wiederaufrüstung, Ostermärsche gegen Atomwaffen und Atomtests, gegen den Krieg der USA in Vietnam oder ob Widerstand gegen die Notstandsgesetze und Protest gegen die Okkupation von Prag, ob 68er Protestbewegung, Bürgerinitiativen gegen Atomkraftwerke, Sozialistisches Büro, Russell-Tribunal gegen Menschenrechtsverletzungen in der BRD, Beirat im Komitee für Grundrechte und Demokratie und nicht zuletzt die Sitzblockaden in Mutlangen gegen Atomraketen – Golli war immer mit vollem Einsatz dabei, wenn es galt, außerparlamentarischen und bürgerlichen Widerstand zu zeigen.

Seine letzte große Kundgebungsrede im Zusammenhang einer von mir mitorganisierten Aktion hielt Golli zu Beginn der einwöchigen Sitzblockade gegen Giftgas bei Fischbach in der Pfalz. Es war 1988, und Helmut ermahnte in freier, druckreif gesprochener Rede seiner schrecklichen Erinnerungen an die Giftgaseinsätze im Ersten Weltkrieg und ermutigte damit vor allem die Jüngeren der 500 Blockade-TeilnehmerInnen zum gewaltfreien Widerstand. Selbstverständlich brachte ihm dies nach Mutlangen erneut einen Strafbefehl wegen sogenannter Nötigung wegen friedlichem Sitzen, das als »Gewalt« und »verwerflich« angekreidet wurde, obwohl es über alle fünf Tage zu keiner Gewaltaktion kam.

Das politische und menschliche Engagement von Helmut Gollwitzer währte nicht einfach die klassischen drei Generationen. Er war vollgepackt von Gerechtigkeitssinn, Solidarität und unermüdlicher Tatkraft und wirkte mit einer Intensität, als verfüge er über viele Leben.

Golli wird nicht nur uns, die wir meist selbst in den letzten Wagen des Lebenszuges bald umsteigen oder schon umgestiegen sind, bis zum Schluß in Erinnerung und stets auch ein fordernder Mahner bleiben. Er wird auch den Jungen fehlen. Das spüre ich bei unseren Töchtern, die inzwischen etwas über 30 sind und die das Glück hatten, Golla und Golli öfter zu begegnen und mit ihnen an Aktionen teilzunehmen.

Helmut Gollwitzer, dieser Mensch in der Brandung, bleibt also gerade deshalb für uns zusätzliche Verpflichtung, denn die nachfolgenden Generationen haben ein Recht, von uns zu erfahren und vorbildhaft mitzuerleben, was wir von Helmut Gollwitzer

Helmut Gollwitzer auf der Friedensdemonstration in Bonn am 10. Oktober 1981

gelernt und geschenkt bekommen haben. Das heißt auch, wir sollten Golli weiterhin auf seinem gradlinigen Lebensweg folgen.
Helmut Gollwitzer war auch ein blitzgescheiter Mensch und großer Theoretiker, aber die Kraft dessen, was er lehrte, ging von der
so selten anzutreffenden Verknüpfung mit dem konkreten und
zivilcouragierten Handeln aus. Als Lehre daraus wünsche ich mir –
und ich bin sicher, das ist ganz im Sinne von Helmut Gollwitzer –,
daß wir, anstatt uns lediglich akademisch im Sowohl-als-Auch zu
verheddern, uns in »relativistischer« Passivität zu verlieren, frei
nach Erich Kästner verhalten: »Es gibt nichts Gutes, außer man
tut es.«

Engagement für Gewaltfreiheit und Menschenrechte, für Frieden und Gerechtigkeit werden mehr denn je gebraucht, und wir
alle sind nach unseren besten Kräften gefordert.

In diesem Sinne danke ich für mich, für meine Familie und für
zahllose Freundinnen und Freunde unserem verstorbenen Weggenossen Helmut Gollwitzer.

Jan Niemöller
Golli, der Kirchenkampf und die Gemeinde Dahlem – ein bleibendes Lehrstück für das Christsein

Nachrufe sind eigentlich etwas Scheußliches: Haben sie doch immer den Geruch des Abschlusses, des Endgültigen – und vielfach auch des »Deckel drauf« an sich. Sie stehen gerade bei Golli im radikalen Widerspruch zu dem, was ihn zeitlebens beschäftigte, zu der Sinnfrage von menschlicher Existenz, zur Frage, worin der Sinn eines 70- oder 80jährigen Lebens denn liegen könne.

Golli hat diese Frage immer wieder – gerade in den Auseinandersetzungen um den Marxismus – neu gestellt und seinen Gesprächspartnern vorgehalten, wie vorläufig und daher immer fragwürdig alle menschlichen »Erlösungsmodelle« – vor allem auch das des Marxismus – sein müssen.

Und zu keiner Zeit ist die Sinnfrage wohl so bedrängend gewesen, wie in den Jahren, die Golli in der Dahlemer bekennenden Gemeinde gelebt hat: Es war die Zeit des Kirchenkampfes, der ja zunächst als mehr oder weniger binnenkirchliche Angelegenheit in Erscheinung trat und auch so erlebt wurde. Gollis Standort zu beschreiben, ist für den an ihm Interessierten überflüssig. Aber die Sinnfrage wurde immer schärfer, je verbrecherischer der Staat Hitlers sich gebärdete. Sie wurde deswegen drängend, weil ja anfänglich überhaupt keine menschliche Chance sichtbar war, daß der Widerspruch und der Widerstand auch nur kleine »Erfolge« herbeiführen würde. Was war Erfolg im Jahre 1938, als das Judenpogrom von der Bevölkerung geduldet oder sogar beklatscht wurde? Was konnte »Erfolg« sein, wo man nach dem Anschluß Österreichs, nach der Einverleibung der Tschechoslowakei und nach dem »siegreichen« Polenfeldzug ein ganzes Volk in den Trancezustand kommender Weltbeherrschung versetzt hatte?

Für die bekennende Gemeinde in Dahlem war die Zeit des Hoffens auf eine Besserung der kirchlichen Gesamtsituation längst

Helmut Gollwitzer im Jahr 1951 im Gespräch mit Martin Niemöller, Kirchenpräsident von Hessen-Nassau

von den Trompetenstößen der »Sondermeldungen« der ersten beiden Kriegsjahre übertönt worden, und Golli konnte eigentlich nur »halblegal« in Dahlem wirken.

Es ist ja nur die halbe Wahrheit, wenn er als »Vaters Nachfolger« in der Pfarrstelle der Dahlemer Gemeinde bezeichnet wird; der Gemeindekirchenrat hatte gegen ihn entschieden, die Institution war diesem Votum gefolgt und hatte Pfarrer Walter Dreß zum Nachfolger bestimmt. So war die Kirchengemeinde gespalten: Die eine Gruppe, die dem Kurs der sogenannten »Kirchenausschüsse« folgend den Kirchenkampf für beendet erklärte, und die andere Gruppe, die gerade in den von den Deutschen Christen mitbestimmten Kirchenausschüssen eine Abkehr von der Barmer Theologischen Erklärung und letztlich eine Unterwerfung unter die Steuerung durch den Nazi-Staat sah und die deswegen auf der bruderrätlichen Verfassung der Bekennenden Kirche bestand. Der »halblegale« Golli war dabei das Zentrum der bekennenden Gemeinde und praktisch von den Sonntagsgottesdiensten ausgeschlossen.

Nichts macht diese Situation der Dahlemer Gemeinde deutlicher als eine Passage aus einem Brief meiner Mutter an Pfarrer Röhricht (16. April 1940), wo es wörtlich heißt:

> »... *Mein Mann liest jede Woche im VB* (Völkischer Beobachter – die einzige Zeitung die im KZ Sachsenhausen gelesen werden durfte – d. Verf.) *die kirchlichen Nachrichten, und seit Januar deutet er mündlich und schriftlich immer wieder an, wie beunruhigt er darüber ist, daß Pastor Gollwitzer nie im Predigtplan erscheint, und wie sehr es ihn schmerzt, daß seine Söhne ihren Konfirmator nie sonntags in ihrer heimatlichen Kirche hören können. Ich habe davon schon Herrn Pastor Dreß Mitteilung gemacht, und er hatte sich von sich aus bereit erklärt, in der Zeit zwischen Ostern und Pfingsten Herrn Pastor Gollwitzer einen Gottesdienst abzugeben. Dafür hatte er den nächsten Sonntag in Aussicht gestellt. Nun teilt mir soeben Herr Pastor Dreß mit, daß, falls er nicht selbst diesen Gottesdienst hielte, Sie* (i.e. Pastor Röhricht – d. Verf.) *ihn übernehmen würden, und daß er infolgedessen nicht in der Lage sei, Pastor Gollwitzer diesen Gottesdienst abzugeben...«*

So blieb Golli, was den Sonntagsgottesdienst anging, auf die Gnade derer angewiesen, die irgendwie ihren Frieden mit der Institution und den Kirchenausschüssen gemacht hatten. Dies führte dazu, daß die bekennende Gemeinde ihren Sonntagsgottesdienst am Sonnabend-Abend feierte – die Zahl der Gottesdienstbesucher war dafür Beweis: Die Annenkirche war vielfach am Samstagabend deutlich besser besucht als in dem 15 Stunden später stattfindenden Sonntagsgottesdienst. Die Erinnerung an diese Situation in der Dahlemer Gemeinde ist unerläßlich, wenn bewußt bleiben soll, daß die bekennende Gemeinde gerade im Widerspruch zur Institution Kirche ihrer Überzeugung in der Zeit der größten Erfolge Hitlers treu geblieben ist: Wer damals den Sinn des Christseins, der christlichen Existenz in einem erfolgreichen Bewahren der bloßen Form sah, der mußte außerhalb der von Golli betreuten bekennenden Gemeinde stehen. Läßt uns solche Erinnerung nicht heute fragen, ob Kirche nicht allzusehr auf Bestandssicherung ausgerichtet ist, statt sich den Bedrängten »rücksichtslos« zuzuwenden? Denn bei aller Enge, in die man die bekennende Gemeinde getrieben hatte, entwickelte sie ein neues Erkennen für das, was »Nachfolge« bedeuten müßte. Für mich begann es damals mit der »Vorkonfirmation« eines Klassenkameraden meines Bruders, Hermann Freudenberg, dessen Konfirmation deswegen vorgezogen wurde, weil seine Eltern nach England auswanderten. Hier zeigte sich für mich in der nächsten Umgebung, daß Menschen ausgegrenzt wurden, weil sie »rassisch nicht sauber« waren. Und es war gerade diese Gruppe von Menschen, es waren die Juden in der Gemeinde, in denen die halblegalen Pastoren – allen voran Golli – die »Nächsten« erkannten, die »unter die Mörder zu fallen« drohten. Seit Gollis Bußpredigt (16. November 1938) – eine Woche nach dem Judenpogrom – war klar, an wem wir nicht mehr vorübergehen durften, wenn »Priester und Levit« das Wegsehen praktizierten.

Golli hat versucht, diese Nähe nicht nur zu predigen: Unzählige persönliche Kontakte hat er genutzt, um Menschen in Not beizustehen. So erinnere ich mich an die Trauerfeier für Erwin Neugebauer, der sich kurz nach Kriegsbeginn das Leben genommen hatte – eine Trauerfeier, in der ich erstmals als 14jähriger das tröstliche »Morgenglanz der Ewigkeit« mitsang und etwas davon entdeckte, was wirklicher Trost für den Christen sein kann.

Wie eng die Verbindung zwischen Golli und denjenigen war, die sich um die immer stärker verfolgten Juden bemühten, ist mir gerade für die Zeit noch in Erinnerung, in der die Juden dann gezwungen waren, den sogenannten »Davidstern« zu tragen. Die vielen Kontakte zu Georg Hamburger in den Stunden des abendlichen Fürbittgottesdienstes sind und bleiben in lebendiger Erinnerung. Und diese Erinnerung wird noch verstärkt durch Dokumente, die einen als damals noch ganz jungen Zeitzeugen nicht loslassen. Ich greife nur drei Briefstellen heraus, die aus der Zeit nach Einführung des »Judensterns« (September 1941) stammen. So schrieb Elsie v. Stryck (spätere Frau Steck – d. Verf.) unter dem 26. September 1941 an Golli:

»...Jetzt zum Wichtigsten, dem gestirnten Himmel um uns (gemeint waren die durch den Stern »Gezeichneten« – d. Verf.)... Es war eine schwere Woche, aber es ist alles mit so viel Hilfe von Gott gegangen, daß jetzt, etwa seit Mittwoch, alle wieder da sind, fester vielleicht noch als bisher, ohne das Gefühl, bemitleidet zu werden, sondern mit dem Bewußtsein, gebraucht und nicht losgelassen zu werden...«

Und das Glied der bekennenden Gemeinde, Hedwig Grüner, schrieb wenig später, am 12. Oktober 1941 an Golli:

»...Dankbar können wir es begrüßen, daß alle unsere – neuerdings so entrechteten – Nichtarier auf Frl. v. Strycks Besuche hin weiter den Weg zur Annenkirche finden, um sich Trost und Kraft zu holen...«

Ein halbes Jahr später läßt ein Brief von Hildegard Schaeder an Golli erkennen, in welche Dunkelheit die Juden hineingeführt werden. Am 17. April 1942 schreibt sie:

»...langsamen Schrittes, fast wie ein Blinder, ging vor zwei Tagen ein alter Mann durch die geliebten Anlagen. Seine Augen sahen und sahen zugleich nicht. Ich glaube, es war ein schwerer, schwerer Abschied. Auf der linken Seite seiner Brust glänzte es hell wie die gelben Tulpen und Narzissen in den Veranden... Vielleicht sagte er sich, daß er schwerlich noch einmal in seinem

Helmut Gollwitzer mit (1. Reihe) Gustav Heinemann, Karl Barth und (2. Reihe v.l.n.r.) Wilhelm Niesel, Walter Kreck, Ernst Wolf und Otto Weber (wahrscheinlich 1950)

Helmut Gollwitzer im Gespräch mit dem Schriftsteller Heinrich Böll und Bundespräsident Gustav Heinemann bei der Verleihung der Carl-von-Ossietzky-Medaille im Jahr 1974 in Berlin

Leben wird in diese paradiesische Frühlingswelt hinauskommen dürfen. Auch einige unserer Freunde rüsten sich schweren Herzens zu solchem Abschied ...«

In dieser Zeit wurde der Christ vor die Frage gestellt, ob er eigentlich noch wußte, wozu er existiert, wenn er doch im Choral die Worte singt:

*»Es ist ja, Herr, dein Geschenk und Gab
mein Leib und Seel und was ich hab
in diesem armen Leben.
Damit ich's brauch zum Lobe dein,
zu Nutz und Dienst des Nächsten mein,
wollst mir dein Gnade geben.«*

Golli hat bei aller theologischen und allgemeinen Gelehrsamkeit, die ihm geschenkt war, immer wieder die Frage nach dem Nächsten als konkrete persönliche Anfrage verstehen und solches Verständnis leben wollen.

Ein Erlebnis aus jüngster Vergangenheit hat mir das noch einmal gezeigt. Golli war ja während seiner Dahlemer Zeit im Kirchenkampf einer der engsten Berater meiner Mutter. Zusammen mit Asmussen und Saß, um nur diese beiden zu nennen, wurden die Fragen erörtert, die sich aus Vaters Briefen aus dem KZ ergaben oder die von ihm selbst in den Sprecherlaubnissen angeschnitten wurden. Mir war bekannt, daß in solchem Kreis auch die Frage erörtert worden war, ob der Vater sich bei Ausbruch des Krieges freiwillig melden sollte. Ich war eigentlich bis vor zwei Jahren der Überzeugung, daß Golli hier eher abgeraten haben würde.

Als Golli dann im Pfarrhaus in Dahlem anläßlich des 100. Geburtstag des Vaters mit uns zusammen war, wurde diese Frage angeschnitten. Und ich sehe ihn noch heute vor mir, wie er mit seiner manchmal hemdsärmelig wirkenden Unmittelbarkeit zu dieser Frage sagte: »Natürlich habe ich ihm dazu geraten, sich freiwillig zu melden – der mußte doch da raus!« Die Schublade, in die ich Golli unbewußt gesteckt hatte, erwies sich als untaugliches Mittel der »Einsortierung«. – Auch damals stand die konkrete Situation des Pfarrers in der Einzelzelle von Sachsenhausen als allein maßgeblich vor allen anderen Erwägungen. Golli wollte sich nicht von einer noch so vernünftigen »Gesetzlichkeit« gefangennehmen lassen. Christliche Existenz – Sinn des Lebens? »Damit ich's brauch zum Lobe Dein . . . « Und ein Letztes: Dieses »zu Nutz und Dienst des Nächsten mein« ließ ihn fröhlich bleiben bis zum Schluß. Das Lob dafür, daß solche Existenz möglich ist, duldete keine Griesgrämigkeit.

So bleibt für einen jeden von uns persönlich angesichts dieses Lebens die Bitte, die Matthias Claudius in dem nur selten gesungenen Vers ausgesprochen hat:

»*Wollst endlich sonder Grämen*
aus dieser Welt uns nehmen
durch einen sanften Tod.
Und wenn du uns genommen,
laß uns in Himmel kommen,
du unser Herr und unser Gott.«

Jürgen Moltmann
Zum Gedenken an Helmut Gollwitzer

Ich hörte von ihm zuerst, als ich 1948 aus Gefangenschaft zurückgekehrt bei Ernst Wolf und Hans Joachim Iwand in Göttingen studierte. Wir lasen im Seminar sein Buch »Coena Domini« und für die persönliche Erbauung seine wunderbare Lukas-Auslegung »Die Freude Gottes« und warteten gemeinsam mit unseren Lehrern, seinen Freunden, auf seine Heimkehr aus russischer Kriegsgefangenschaft. Als er dann endlich 1949 kam, übertraf er alle unsere Erwartungen. Wer immer ihm begegnete und seine leuchtenden Augen sah, wurde von seiner Begeisterung angesteckt und von der Freude ergriffen, die er ausstrahlte. Sein Weg durch die Gefangenenlager, »Und führen, wohin du nicht willst«, hatte ihn nicht verbittert, im Gegenteil. Er war eine Hoffnung der Theologie in der Bekennenden Kirche, in den Bruderschaften der Nachkriegszeit und im Kreis der Zeitschrift und der Gesellschaft für Evangelische Theologie. Diese Hoffnungen erfüllte er über alle Maßen und wurde zu einer Leitfigur in der Studenten- und in der Friedensbewegung: ein Freund, an den sich jeder wenden konnte und auf den so viele vertrauten. Ich lernte ihn dann persönlich kennen auf den ersten theologischen Tagungen dieser Zeitschrift im Sommerhaus von Ernst Wolf am Walchensee ab 1961 und wurde von ihm zur »Theologie der Hoffnung« ermutigt, als die alten Barthianer mich nicht ohne Skepsis ansahen. Er hat an allen Tagungen dieser Zeitschrift teilgenommen und sie durch seine weiterzige Dialogfähigkeit inspiriert. Auf dem Höhepunkt der Friedensbewegung hatte ich 1981 mit ihm für die Gesellschaft für Evangelische Theologie in Arnoldshain eine Tagung veranstaltet. Hunderte hatten sich angemeldet, wir konnten nur 200 unterbringen und mußten seinem Zweistundenvortrag über »Bergpredigt und Zwei-Reiche-Lehre« in der eiskalten Dorfkirche zuhören, und er hielt uns warm. Im Herausgeberkreis dieser Zeitschrift hat

Helmut Gollwitzer nicht nur für Frieden, sondern auch für notwendigen Streit gesorgt. Es waren die Christen-Juden-Frage mit den kontroversen Beiträgen von Friedrich-Wilhelm Marquardt und Günter Klein in den siebziger Jahren, die Debatte über Karl Barth und den Sozialismus und nicht zuletzt die Friedensdiskussion, die den Herausgeberkreis vor Zerreißproben stellten. Auch die, die nicht mit ihm übereinstimmten, werden ihn vermissen. Für mich war er wie für so viele andere aus den nachfolgenden Generationen der väterliche Freund. Er war ein Freund ohne Anbiederung und war er selbst mit einer Furchtlosigkeit ohnegleichen vor Feind und Freund. Er sagte Politikern und Studenten die Wahrheit, so wie er sie durch den eigenen Einsatz glaubwürdig vertrat, und wurde gehört. Helmut Gollwitzer fehlt uns. Er bleibt bei uns.

Joachim Ritzkowsky
Als Gollwitzer vor das Himmelstor kam

Gollwitzer, den »Herrn Professor«, der uns die Dogmatik der Lutheraner beibrachte und theologische Fündlein zwischen den Zeilen der simpelsten Gesangbuchlieder machte – ihn lernte ich zuerst kennen. Und ich denke, er ist bis zuletzt geblieben, was er war: ein frommer, konservativer, lutherischer Theologe und Patriot aus Bayern – mit Pfeife im Mund. Aber Gollwitzer, das war dann sehr bald »Golli«, den wir mit Vornamen nannten, ein Mensch, dessen Wärme, dessen Güte und Unvoreingenommenheit betroffen machten. Immer war er dabei, bei der Sache, differenzierend, Position ergreifend, Farbe bekennend. Er war uns nah und zugleich voraus: ein Vorgänger im Überschreiten von Grenzen. Daß man Staatsbeamte, Kirchenbeamte, Politiker und Regierungen kritisieren kann und muß, haben wir von ihm gelernt. Wie viele Male holten wir ihn, baten ihn zu reden, gingen wir zu ihm in die Ihne- und Nebingerstraße, um mit ihm zu streiten und seinen Rat einzuholen. Immer war er sofort bereit zu hören, was los war. Er ließ sich auf Menschen ein. In der Uni hatten wir Professoren kennengelernt, die sich über Menschen ausließen.

Ohne ihn, Gollwitzer, aber auch ohne Heinrich Albertz und Kurt Scharf hätten wir weniger Vergangenheit und Tradition hinter uns und weniger Zukunft und Ziel vor uns. Richtung und Rückgrat verdanken wir ihnen.

Ich fasse meinen Dank in die Form einer kleinen Geschichte.

Als Gollwitzer vor das Himmelstor kam, erwartete er, von den Aposteln Petrus und Paulus empfangen zu werden oder wenigstens von den Kirchenvätern Barth und Bonhoeffer. Es empfingen ihn aber Heinrich Albertz und Kurt Scharf.

»Halt, mein Lieber!« sagte Albertz, »in den Himmel kommen nur Nichtraucher. Du mit deiner Pfeife hast keinen Zutritt!« Gollwitzer sah den Kollegen von früher listig an und antwortete: »Du selber hast eine Pfeife im Mund! Und sie qualmt sogar!«

»Eben«, sagte Albertz, »deshalb stehe ich auch *vor* der Tür!«

Darauf kam der andere Mensch im Wächteramt, Scharf, an die Reihe und sagte: »Helmut, der Himmel ist für Ketzer geschlossen!«

»Wieso?« brauste Gollwitzer auf, »bin ich ein Ketzer?«

»Ja«, sagte Scharf. »Du lehrst die *apokatastasis panton**.«

Da blinzelte Golli seinen ehemaligen Bischof an und versetzte: »Und du, hast nicht auch du sie gelehrt?«

»Eben«, sagte Scharf, »und darum stehe ich draußen.«

»Dann ist ja alles klar«, erwiderte Gollwitzer, »dann bleibe ich bei euch, und wir bilden das himmlische Empfangskomitee!«

Gesagt, getan. Er stellte sich breitbeinig zwischen die beiden Freunde mitten in die Himmelstür.

»Hör mal«, bemerkte Albertz den Kopf schüttelnd, »kennst du das erste Gebot nicht? Die Mitte gehört einem anderen, nicht dir! Im Zentrum von uns steht nur der Eine!«

Gollwitzer zog die Stirn kraus und antwortete: »Heinrich, ich habe mich schon immer den Mächtigen in den Weg gestellt. Das tue ich auch hier. Die Großen der Welt kommen nur kriechend herein.«

»Und die anderen?!« fragte Scharf.

»Die mit dem aufrechten Gang«, erwiderte Golli, »die nehmen uns wahrscheinlich mit.«

---

* *apokatastasis* = Lehre von der »Wiederbringung aller«: Gott wird am Ende keinen Menschen der ewigen Verdammnis preisgeben, sondern alle seine Geschöpfe retten (»wiederbringen«), eben weil sie von ihm geschaffen sind.

Walter Höchstädter
Erinnerungen an eine Freundschaft

Helmut Gollwitzer und ich sind uns im Sommersemester 1928 zum erstenmal in Erlangen begegnet, und wir wurden nach kurzer Zeit enge Freunde. Das war nicht verwunderlich, denn wir kamen beide aus derselben Ecke und hatten weithin dieselben Interessen. Wir waren durch die Jugendbewegung geprägt und waren Mitglieder des »Großdeutschen Jugendbundes«. Dieser Bund war von ehemaligen Wandervögeln der Vorkriegszeit gegründet und, wie sein Name sagt, national gesinnt. Trotzdem wurde er 1933 aufgelöst und verboten.

So trafen wir uns im Sommer 1928 im Kreis der Bundesleute, zu dem mehrere Theologen gehörten; denn der Bund hatte gerade in Bayern viele Anhänger in evangelischen Kreisen und den Pfarrhäusern. Helmuts Vater war damals Pfarrer in Lindau-Reutin. Außerdem waren Helmut und ich engagierte Anhänger der damals aufkommenden Singbewegung. Helmut kam aus der »Lindauer Jägerrunde«, die von dem evangelischen Pfarrer Helmut Pommer aus Bregenz gegründet und geleitet wurde, der auch als Forscher alpenländischen Liedgutes einen Namen hatte. Kein Wunder, daß Helmut sein ganzes Leben lang immer wieder gesungen und »gejodelt« hat. In Erlangen sangen wir beide in der Singgemeinde. Damals erschienen übrigens im Bärenreiter-Verlag die ersten Schützmotetten im Druck, die Helmut so liebte. In unserer Musikbegeisterung fanden wir auch den Weg ins Musikwissenschaftliche Seminar der Universität und sangen dort unter der Leitung von Prof. Gustav Becking Madrigale des 17. Jahrhunderts, vor allem englischer Komponisten.

Was uns beide aber besonders zusammenführte, war unser gemeinsames Interesse für Karl Barth, welches in gleicher Weise in uns beiden geweckt worden war durch Georg Merz. Dieser war damals Pfarrer an der Markuskirche in München und gehörte zu dem engsten Freundeskreis von Karl Barth. Er war Herausgeber der Zeitschrift »Zwischen den Zeiten«. Mein Elternhaus hatte schon seit Jahren Kontakte zu ihm, und er beeinflußte meinen Weg zur Theologie, indem er mir eine Reihe von Aufsätzen und Predigten Barths zum Lesen gab. Als Helmut Gollwitzer 1927 nach München kam, nahm er bald an den Gesprächskreisen von Georg Merz teil, der auch als Studentenpfarrer fungierte. So waren damals unsere Saiten gleich gestimmt.

Durch Georg Merz kamen wir auch in freundschaftliche Beziehungen zum Chr. Kaiser Verlag, bei dem ja Barths Schriften erschienen. Vor allem wurde der Lektor des Verlages, Otto Salomon, unser Freund. Dieser war durch seine Schriften, vor allem seine Laienspiele, die unter dem Pseudonym »Otto Bruder« erschienen, in Kreisen der Jugendbewegung gut bekannt. Gollwitzer stand ihm besonders nahe, auch nachdem er 1938 wegen seiner jüdischen Abstammung nach Zürich emigrieren mußte.

Im Wintersemester 1928 waren wir noch öfter beisammen: in den Vorlesungen, in der Uni-Bibliothek oder auch in Helmuts gemütlich warmer Stube in diesem strengen Winter 1928/29. Damals staunte ich über seine Belesenheit, vor allem über seine Vielseitigkeit. Er beschäftigte sich mit Freud und der Psychoanalyse, er las Ernst Toller, Tucholsky und andere »Linke« der »Weltbühne« und begann schon damals auf Distanz zum bürgerlichen Nationalismus zu gehen. Dabei ist es merkwürdig, daß gerade in diesem Jahr die Bundesleitung des »Großdeutschen Jugendbundes« ihn beauftragte, die Bundeszeitschrift »Die Heerfahrt« zu redigieren. Helmut war damals von nationalem Enthusiasmus schon weit entfernt; er suchte Querverbindungen zu anderen Gruppierungen der Jugendbewegung und war aufgeschlossen für viele neue Ideen. 1928 war ja das letzte der »goldenen zwanziger Jahre« der Weimarer Republik vor der aufkommenden Wirtschaftskrise und der damit verbundenen Polarisierung der Kräfte. So lebten wir damals unbesorgt.

Helmut war immer ein kontaktfreudiger Mensch. Darum war er stets mit alten und neuen Freunden beisammen. Er konnte auch in fröhlicher Runde bei einem Glas Bier und fränkischen Spezialitäten mit uns sein oder mit dem Schlitten noch abends zur Rodelbahn am Rathsberg hinaufsteigen und sich in beißender Kälte tummeln, alles immer heiter und fröhlich. Helmut strahlte ja einen so herzerfrischenden Humor aus, der uns immer fesselte. Dieser hat ihn auch in den schweren Tagen des Kirchenkampfes, in der Gestapohaft, in der Kriegsgefangenschaft und späteren Zeiten nie verlassen.

Im Sommer 1929 trennten sich unsere Wege. Helmut zog nach Jena und später nach Bonn, während ich nach Tübingen ging. Aber wir blieben in Verbindung. Auch wenn wir uns manchmal Jahre nicht mehr sahen, wechselten wir hie und da Briefe. Mit Interesse nahm ich an seinem weiteren Weg teil. Ich las mit Zustimmung sein Buch »Coena Domini«, mit welchem er in die Abendmahlsdebatte in der Bekennenden Kirche eingriff; auch schickte er mir Vervielfältigungen seiner Predigten.

Wir trafen uns erst nach dem Krieg wieder. Unvergeßlich bleibt mir der Besuch bei Helmut und Brigitte in ihrem sonnigen Haus im Schwarzwald. Am Morgen hörte man Helmut im Badezimmer singen, und in abendlicher Runde erzählten mir beide unter anderem von Gustav und Hilda Heinemann, die ja dort oben und in Berlin öfters ihre Gäste waren.

Das letzte Mal traf ich Helmut in Wiesbaden bei der Trauerfeier für Martin Niemöller. Da schien er noch in alter Frische. Dann haben wir nur noch gelegentlich geschrieben oder telefoniert. Mit seinem Tod ist auch ein Stück meines Lebens zu Ende.

Weil Gott treu
zu seinen Verheißungen steht,
weil der Gott dieser Verheißungen
der wahre Gott ist
und das letzte Wort behält,
weil die Wirklichkeit Gottes
die Macht des Neuen ist
und weil Gott dem neuen Leben,
das er verheißt,
die Macht gibt,
darum ist nicht das Neue
zum Sterben am Alten verurteilt,
wie es der Augenschein gegen Gottes Wort
überall zu beweisen scheint,
sondern darum ist das Alte
zum Sterben am Neuen verurteilt,
wie es das Wort Gottes
gegen den Augenschein uns verheißt.

Helmut Gollwitzer

Paul Oestreicher
Leidenschaft für menschliche Würde

Theologen, die Bestseller schreiben, sind selten. Den Einfluß, den
»Unwilling Journey« (dt. »... und führen, wohin du nicht willst«)
1951 auf seine deutschen Leser/innen hatte – auf Englisch wurde
das Buch 1953 veröffentlicht –, läßt sich am besten mit Trevor
Huddlestons »Naught for your Comfort« (1956) vergleichen. Während Huddleston die südafrikanische Apartheid bloßstellte,
erzählte Helmut Gollwitzer die Geschichte seiner Jahre als Kriegsgefangener in Stalins Sowjetunion. Die Parallelitäten dieser beiden politischen Pastoren hören hier jedoch nicht auf. Ausgehend
von ihrer konservativen Theologie zogen sie radikale Schlüsse
und handelten danach. Unbequemen Priestern und Propheten
gleich nahmen sie sich den aufrüttelnden Rabbi Jesus von Nazareth zum Vorbild.

Hineingeboren in ein lutherisches Pfarrhaus in Bayern hatte
Gollwitzer gerade seinen Abschluß in Theologie gemacht, als Hitler 1933 an die Macht kam. Gollwitzers Karriere nahm denn auch
einen unerwarteten Beginn: Er fand Anstellung in einem unbe-
deutenden österreichischen Adelshaushalt als Privatprediger und
-lehrer. Hier blieb er jedoch nicht lange. Die Reisen zu den deutschen Gütern seiner Arbeitgeber brachten ihn in Kontakt mit den
opponierenden Christen der Bekennenden Kirche einschließlich
ihres Vorkämpfers Martin Niemöller. Innerhalb von zwei Jahren
hatte seine Laufbahn als theologischer Lehrer begonnen.

Während seiner Arbeit als BK-Dozent in Thüringen, einer
Hochburg der Nazi-freundlichen Deutschen Christen, fand Gollwitzer Zeit, eine Doktorarbeit bei Karl Barth zu vollenden. Dieser
hatte Bonn verlassen müssen und war in seine Geburtsstadt Basel
zurückgekehrt. Barth sollte ein einflußreicher Mentor und Freund
bleiben. In dieser Zeit begegnete Gollwitzer auch dem Theologen
Dietrich Bonhoeffer.

1937 von der Gestapo aus Thüringen ausgewiesen, ging Gollwitzer nach Berlin. Als Nicmöller am 1. Juli verhaftet wurde und aus dem Konzentrationslager nicht vor 1945 zurückkehren sollte, beerbte ihn Gollwitzer – keine dreißig Jahre alt – auf der Kanzel der einflußreichen Gemeinde in Dahlem. Das Wesen seiner Theologie offenbarte er in mutigen Predigten der Lukasschen Passionsgeschichte, auf Englisch in »The Dying and Living Lord« 1960 veröffentlicht. (Dt.: Jesu Tod und Auferstehung nach dem Bericht des Lukas, 1941). Verfolgte Juden waren sein Hauptanliegen.

1940 aus Berlin vertrieben und mit Predigtverbot belegt, entging er Niemöllers Schicksal, indem er sich von der Wehrmacht einziehen ließ. Im letzten Kriegsmonat, Mai 1945, wurde er von der Roten Armee gefangengenommen. Er kehrte am letzten Tag des Jahres 1949 nach Hause zurück und schrieb das Buch, welches ihm in Deutschland und darüber hinaus einen Namen machte.

Unmittelbar nach seiner Rückkehr wurde er Professor der Systematischen Theologie an der Universität Bonn und heiratete ein Jahr später Brigitte Freudenberg, deren Mutter jüdischer Herkunft war und die bis zu ihrem Tod 1986 seine engste Vertraute und, in seinen eigenen Worten, »mein immer waches radikales Bewußtsein« blieb.

Ich war überwältigt von »Unwilling Journey« gerade, als ich in Neuseeland in Politikwissenschaften graduierte. Dieses Buch eines christlichen Sozialisten, mit den Verirrungen des Stalinismus ringend, war der Beginn meiner eigenen Reise von der Politik zur Priesterschaft. Ich wurde einer von Gollwitzers Bonner Forschungsstudenten der fünfziger Jahre. An seinem Leben teilzuhaben, war eine zündende Erfahrung. Er war einem deutschen Professor so unähnlich, wie es nur irgend vorstellbar ist. Mit seinem starken bayerischen Akzent war seine Erscheinung mehr die eines auf seinem Land verwurzelten Bauern als die eines Pfarrers von akademischem Rang. Das Funkeln in seinen Augen verriet einen entwaffnenden, selbstkritischen Sinn für Humor. Er hätte genauso gut – wie Desmond Tutu – ein großartiger Clown oder der klassische »kleine Mann« auf einer tragikomischen Bühne werden können. Im Studentenwohnheim, dessen Hausvater er war, liebte er, den Part des »Zirkusdirektors« zu spielen, die nicht-existierende Menagerie von wilden Tieren mit seiner Peitsche beschwörend. Und er konnte von Herz zu Herz genauso gut kommunizieren wie von Kopf zu Kopf. Allerdings, völlig auf den Intellekt zurückgeworfen, konnte er genauso zur Beute akademischen Obskurantismus werden wie jeder Berufstheologe. Er ließ dies jedoch nur selten zu. Im Herzen war er ein Pfarrer, den die gescheiterte Liebesaffäre eines Studenten genauso bewegte wie der Verrat an christlichen Werten in Bonns Wie-werde-ich-schnell-reich-Gesellschaft. Als radikaler Sozialkritiker war er Freund und Berater des ersten deutschen Bundespräsidenten Theodor Heuss.

1957 nahm Gollwitzer den Ruf an die Freie Universität Berlin an, das Theologische Institut aufzubauen. Zurück in seiner alten Dahlemer Gemeinde war er schon auf dem Weg, einer der produktivsten deutschen Theologen zu werden mit insgesamt mehr als 1000 Veröffentlichungen, von wichtigen philosophischen Werken bis zu polemischen Pamphleten. Aber Gott, für ihn immer mehr der Gott des hebräischen Volkes, war dabei immer im Mittelpunkt. Er war ein häufiger Besucher Israels, jedoch in wachsender Ungeduld mit der offiziellen Politik Israels.

In »The Demands of Freedom« (1965; dt.: Forderungen der Freiheit, 1962) legte Gollwitzer die Hauptlinien seiner politischen Theologie dar, gefolgt von »The Christian Faith and the Marxist Criticism of Religion« (1970; dt.: Die marxistische Religionskritik und der christliche Glaube, 1965), eine der authentischsten Widerlegungen des marxistischen Materialismus. Jedoch war sein Hauptanliegen als Bürger des Westens die Widerlegung des kapitalistischen Materialismus, die er in »The Rich Christians and Poor Lazarus« (1970; dt.: Die reichen Christen und der arme Lazarus, 1968) vorlegte.

»Golli« wurde für alle seine Studentinnen und Studenten zur Vaterfigur der Studentenrevolution der sechziger Jahre. Als Rudi Dutschke, der radikale und zugleich moderate Studentenführer, niedergeschossen und ernsthaft verletzt wurde von einem rechten Fanatiker, nahmen Gollwitzers seine Familie auf und organisierten dann deren Umzug noch Cambridge mit Hilfe des Bischofs John Robinson. (MI5 – Abteilung im britischen Innenministerium – wies sie beschämenderweise später nach Dänemark aus.)

Ich sehe immer noch vor mir, wie Golli eine riesige Matratze durch die Straßen zu einem unbewohnten Haus schleppte, das »seine« Studenten aus Protest gegen Berlins Wohnungspolitik besetzt hatten. Er war kein Armchair-Radikaler. Die ganze Zeit über blieb Gustav Heinemann, Deutschlands dritter Bundespräsident, sein engster Freund. Die Gollwitzers und die Heinemanns verbrachten fast immer ihre Ferien gemeinsam.

1961 hatte die Universität Basel Gollwitzer dazu auserkoren, Karl Barths Nachfolger als Professor der Systematischen Theologie zu werden. Das hätte bedeutet, Berlin schweren Herzens zu verlassen. Glücklicherweise lehnte der Basler Stadtrat die Berufung ab. Sie fürchteten diesen Unruhe stiftenden Geistlichen. Berlin brauchte ihn mehr. Er blieb und setzte sich dort zur Ruhe, seine Leidenschaft für menschliche Würde ungemindert. Schelmisch lächelnd, die Pfeife in Mund oder Hand, wurde Gollwitzer in seinen letzten Jahren einer des Triumvirats großer alter Männer in Berlin: Kurt Scharf, der radikale Bischof, aus dem kommunistischen Osten ausgewiesen, Heinrich Albertz, Pastor und Regierender Bürgermeister in der Nachfolge Willy Brandts, und Golli, der letzte von ihnen, der die Schlacht für das Königreich auf Erden weiterschlug, die mit dem Kampf gegen Hitler begonnen hatte.

Viele werden am 29. Oktober zu Helmut Gollwitzers alter Dorfkirche in Dahlem kommen, ihn zur Ruhe legen neben Brigitte und nahe dem Grab Rudi Dutschkes, der in Dänemark viel zu jung gestorben war.

(aus: The Guardian, 22. Oktober 1993; aus dem Englischen von Ulrich Wagner)

Wolfram Kistner/C. F. Beyers Naude
Ein Zeichen der Liebe Gottes

Lieber Rainer und liebe Cornelia,

die Nachricht von dem Tod von Professor Helmut Gollwitzer, die wir durch Sie erhalten haben, hat uns tief bewegt. Obwohl wir nicht wie Sie bei ihm studiert und regelmäßig mit ihm Kontakt gehabt haben, ist er auch bei uns, die wir hier in Südafrika zu Hause sind, ein Lehrer und Freund gewesen. Wir haben Bücher, Predigten, Vorträge und Auslegungen biblischer Texte von ihm gelesen. Sein Ringen um Erkenntnis des Evangeliums stand in enger Wechselbeziehung mit seinem unermüdlichen Einsatz für Gerechtigkeit und Frieden. Zusammen mit seinen Freunden Kurt Scharf und Heinrich Albertz hat er nach dem Zweiten Weltkrieg die nachrückenden Generationen im Kampf gegen Rassismus, das Wettrüsten im Ost-West-Konflikt, die Zerstörung der Umwelt und gegen wirtschaftliche Ausbeutung anderer Völker unterstützt und das Erbe der Bekennenden Kirche wachgehalten. Sein Zeugnis hat uns in Südafrika in den Auseinandersetzungen, in denen wir hier stehen, ermutigt.

In einem Nachruf anläßlich des Todes von Adolf E. Freudenberg im Jahre 1977 hat Professor Gollwitzer in Anlehnung an den Text 1. Joh.4,19 darauf hingewiesen, daß Gott, der Vater Jesu Christi, uns seine Liebe nicht entzieht, wenn er uns, je älter wir werden, die Zeichen der Liebe und zuletzt die Gabe des irdischen Lebens entzieht. Helmut Gollwitzer ist für uns ein Zeichen der Liebe Gottes gewesen, so wie er es damals von Adolf E. Freudenberg sagte:

»Auch uns ist jetzt ein Zeichen der Liebe Gottes entzogen worden; denn jeder treue Jünger Jesu, der eine solche Wohltat für andere wird, wie es dieser Mensch hat sein dürfen, ist ein Zeichen der Liebe Gottes. Diese Zeichen sind alle Leihgaben auf Frist und Leihgaben zum Dienen.«

Wir möchten Sie bitten, die Verwandten und Freunde von Helmut Gollwitzer von uns zu grüßen. Wir wünschen Ihnen allen die Gewißheit, daß Gottes Liebe uns über den Tod hinaus festhält und uns zum Dienst und zum Ringen um Gerechtigkeit und Frieden für alle Menschen ermutigt. Auch in scheinbar aussichtslosen Lagen ist solches Ringen nicht vergeblich und aussichtslos.

Wir nehmen an, daß Helmut Gollwitzer auf dem Friedhof bei der alten Kirche in Dahlem zu Ruhe gelegt wird, auf dem auch andere Zeugen des Evangeliums begraben liegen, die uns in besonderer Weise Zeichen der Liebe Gottes gewesen sind. Legen Sie ihm bitte eine Blume als Gruß von uns auf sein Grab.

(Schreiben vom 21. Oktober 1993 an Rainer und Cornelia Fuellkrug-Weitzel in Berlin)

Kultursenator Ulrich Roloff-Momin
Krummes Holz – aufrechter Gang

»Mißtrauen zerstört Miteinanderleben, wir können es uns nicht leisten. Wir können uns nur noch Frieden leisten«, sagte Helmut Gollwitzer im April 1972 einmal in einer Predigt. Und er fügte unter Bezug auf ein Wort Jesu Christi hinzu: »Kehrt um und wartet nicht, bis die anderen umkehren, bis die Welt geändert ist, sondern kehrt jetzt um!«

Gollwitzer, mit dessen Tod unsere Stadt und unser Land einen Großen unter ihren Bürgern verloren hat, ging voran beim Umkehren, ging voran bei dem Aufbauen von Vertrauen, und zwar ohne jede Hoffahrt, sich im Besitz der allein richtigen Weisheit zu wissen.

Gollwitzer war ein Versöhner, ein Brückenbauer, gerade auch wenn er aufgrund seiner theologischen und politischen Überzeugungen oftmals in seinem langen, reichen und erfüllten Leben anecken mußte: als theologischer Autor, als Prediger und Seelsorger, als bekennender Nazi-Gegner in der Bekennenden Kirche des »Dritten Reiches«, als im Geiste jung gebliebener Partner der aufbegehrenden Jugend, der stark genug war, sich sowohl mit dem demokratischen Impetus der 68er Bewegung als auch mit deren antiisraelischem Habitus auseinanderzusetzen.

Mit seinem gradlinigen Bekenntnis und Engagement – ja, seiner Bekenntnisfreudigkeit – nervte er die Herrschenden, in seiner Kirche, in seiner Hochschule, in seinem Land. Dabei war sein Engagement und sein Bekenntnis kein partielles, was sich in verschiedenen Schubladen ablegen ließe, sondern ein ganzheitliches, wenn er zum Beispiel unter Bezug auf Jesaja 6, 1–8 sagte: »Leben heißt einen Inhalt haben, einen sinnvollen Inhalt des Lebens haben, etwas haben, wofür man leben kann und wofür zu leben es sich lohnt.« Und er erläuterte dies hinsichtlich des grundlegenden theologischen Begriffspaares Vergebung und Sendung für den

Sinn des Lebens mit den Worten: »Wenn wir Christen nicht in Gegensatz kommen zu dem Besitzstreben und Rüstungswahnsinn und den Ausbeutungsverhältnissen um uns her, dann liegt der Verdacht nahe, daß wir vielleicht nur die Vergebung genießen, aber uns der Sendung verweigern. Freude der Vergebung ist nicht trennbar vom Ernst der Sendung.«

In der Tat: Nur wenige Menschen haben den Ernst ihrer Sendung persönlich so ernst genommen wie Helmut Gollwitzer. Wir erinnern uns des Mannes des Kirchenkampfes unter der Nazi-Herrschaft seit 1933: seiner Ausweisung aus Thüringen durch die Gestapo im Jahr 1937, wo er junge Bekenntnistheologen ausbildete, seiner Beauftragung mit dem Referat für den theologischen Nachwuchs durch den Bruderrat der Altpreußischen Union in Berlin, seiner Promotion bei Karl Barth in Basel und der faktischen Nachfolge des von den Nazis verhafteten Martin Niemöller hier in Berlin-Dahlem. Drei Jahre später erhielt er Redeverbot für das ganze Reich und wurde zur Wehrmacht eingezogen. Seine Aktionen mit seiner Dahlemer Gemeinde zum Schutz und zur Unterstützung bedrohter Juden stellten die Basis seiner Versöhnungsarbeit zur Heilung des Verhältnisses zwischen Deutschen und Juden in der Nachkriegszeit dar. Und hierbei sind seine persönlichen Verdienste gar nicht zu überschätzen.

Die sowjetische Kriegsgefangenschaft – unvergessen sein Bericht darüber mit dem Titel »Und führen, wohin du nicht willst« – nutzte er zum intensiven Studium des Marxismus und erschloß sich damit eine neue Kategorie der Weltbetrachtung. Diese Kenntnisse und seine theologische Kompetenz waren es dann, die den damaligen Kultussenator Tiburtius veranlaßten, Gollwitzer, der seit 1950 in Bonn Systematische Theologie lehrte, 1957 an die Freie Universität Berlin zu berufen, um dort evangelische und theologische Forschung und Lehre zu etablieren.

Legendär geworden ist die von ihm im Winter 1963/64 zusammen mit dem Philosophen Weischedel alternierend und aufeinander antwortend gestaltete Vorlesungsreihe über Glauben und Denken, Theologie und Philosophie.

Gollwitzer hatte die Gabe, Theologie in allgemeinverständlicher Form als Antwortversuche auf Fragestellungen der Zeit den Menschen nahezubringen. Es waren Antwortversuche, die auch den gegenwärtig nach dem Sinn des Lebens Fragenden ein Reflexionsimpuls, wenn nicht gar Orientierung, sein können. So, wenn er uns zur Frage nach dem Sinn des Lebens zuruft:»Wo Menschen hungern, krank sind, fremdländische Gastarbeiter gefangen, geprügelt und von allen verlassen – und dazu gehören heute ganze Völker! – da wartet Jesus auf uns, und da will er sich uns zu erkennen geben.« Wie aktuell ist dieses Gollwitzer-Wort aus dem Jahr 1977 bis zur Stunde!

Gollwitzers Leben und Werk waren gleichermaßen fruchtbar, vorbildhaft und auch anerkannt, national und international. Davon legen zahlreiche Ehrenpromotionen und die vielfachen Übersetzungen seines umfangreichen Schrifttums beredtes Zeugnis ab.

Seine politische Haltung und sein Engagement waren nicht durch die politische Gesäßgeographie zu erfassen. Aus frommem lutherischem und altfränkischem Elternhaus stammend, blieb Gollwitzer zeitlebens einer konservativen Grundhaltung verbunden. Doch haben ihn geschichtliche Erfahrung und theologische Einsicht punktuell zu Haltungen geführt, die ihn für oberflächliche Beobachter zum politischen Linksextremisten machten, etwa angesichts seines Engagements in der Studentenbewegung, in der Atomrüstungsdebatte und in der Friedensbewegung. Während er hier dem Gemeinwesen die politische Kontroverse zumutete, um die geistigen Mauern zum Osten, aber auch zwischen unversöhnlichen Parteiungen in Deutschland nicht höher wachsen zu lassen, hat er auch zur Befriedung beigetragen, als er 1968 zu den wenigen West-Berliner Professoren gehörte, die sich der Auseinandersetzung mit den rebellierenden Studenten stellten. Er beharrte stets auf dem Prinzip der Gewaltlosigkeit, gleich ob gegen Sachen oder Personen.

Gollwitzers Triebfeder war immer sein Glauben. Seinen Kritikern rief er einmal zu:»Ob wir es wollen oder nicht, verklagt bitte nicht mich, als ob ich jetzt meine politischen Ansichten von der Kanzel predigen wollte, verklagt die Bibel, aus der meine politischen Ansichten stammen.«

Dem menschlichen Anstand und dem Respekt vor der Würde des einzelnen blieb er stets verpflichtet. Keiner sollte verloren gegeben werden, so wie er glaubte, daß Gott keinen verloren gibt. Ja, er forderte:»Es muß Anwälte des einzelnen Menschen in seiner besonderen Individualität geben, Anwälte derer, die von den

Kollektiven überrollt werden, Anwälte der Nutzlosen, der Behinderten und der Alten.«

Gollwitzer war in dieser Hinsicht ein Anwalt. Auch das von Haß verzerrte Gesicht blieb ihm ein menschliches Antlitz. So konnte er Versöhnung bewirken, ohne ein Versöhnler zu sein. Groß ist sein Beitrag zur Befriedung des westlichen Teils unserer Stadt.

Zu Recht ist für eine Festschrift zu seinem 70. Geburtstag, in der eine Fülle bedeutender Zeitgenossen das Wort ergriffen haben, als Titel das biblische Motto gewählt worden: »Richte unsere Füße auf den Weg des Friedens«. Er wußte, daß die Menschen dazu neigen, anderen Wegen als denen des Friedens zu folgen, und daß sie der Ausrichtung auf diesem Weg bedürfen. Sich so »ausrichten« zu lassen, das war das Thema seiner beeindruckenden Predigten. Gollwitzer nennt als Voraussetzung für ein friedliches Miteinander die Achtung des Gegenübers, das Annehmen des anderen in seiner Verschiedenheit, wenn er sagt: »Vom Recht des anderen her denken und handeln, das ist keine Gleichmacherei, denn das heißt: sich freuen daran, daß es andere gibt, Andersartige und Andersdenkende, Menschen mit anderen Traditionen, mit anderer Weise, die Welt anzuschauen, sich freuen am Reichtum, am herrlichen Pluralismus von Gottes Schöpfung.«

Person und Werk Helmut Gollwitzers stehen für eine nahezu unglaubliche und beispielhafte Einheit von Glauben, Denken und Handeln. Berlin tut gut daran – gerade auch in dieser konfliktträchtigen Zeit –, dieses bewegten und bewegenden Mitbürgers eingedenk zu bleiben, den die Stadt 1989 mit der Verleihung ihrer höchsten Auszeichnung, der Ernst-Reuter-Plakette, zu Recht geehrt hat.

Abschied nehmen heißt, einen Verlust zu beklagen und zugleich Dank zu sagen für all das, was Helmut Gollwitzer für Berlin, für seine Gemeinde, seine Studenten, für die politische Kultur und auch die vielen Menschen, die in einem persönlichen Verhältnis zu ihm standen, bedeutete.

Helmut Gollwitzer hat sich um die Menschlichkeit verdient gemacht.

Johann Gerlach
Sein Vermächtnis ist Auftrag und Verpflichtung

Wenn einer nach einem erfüllten Leben, über 80 Jahre alt und einige Zeit krank, stirbt, dann hat sich der Lauf der Welt – das Leben auf dieser Welt – natürlich vollendet. Dieses lange Leben steht auch für die vitale menschliche und geistige Kraft, die Helmut Gollwitzer sein Leben lang ausgezeichnet hat. Deshalb ist jetzt nicht Wehklagen angebracht, das auch nicht im Sinne von Helmut Gollwitzer wäre, zumal nicht bei seiner religiösen Verbindung von Leben und Tod. Vielmehr bleiben Trauer und Ergriffenheit und dazu die Erinnerung, die Vergegenwärtigung seiner Persönlichkeit und seines Wirkens, wodurch er auch mit der Freien Universität und diese mit ihm besonders verbunden war.

Helmut Gollwitzer gehört zu den großen, prägenden Persönlichkeiten dieser Universität. Er hat an ihrem Aufbau entscheidend mitgewirkt und ihr auch in Zeiten ernster Bewährung die Treue gehalten. Dabei hat er viele tief bewegt und mit seiner gewissenhaften Überzeugung und Unabhängigkeit auch diejenigen erreicht und nachdenklich gemacht, die anders dachten. Wir werden in Kürze noch in einer universitären Veranstaltung die Erinnerung und vor allem das Denken an Helmut Gollwitzer wachhalten, um seine bleibende Bedeutung zu würdigen. Vieles, was er von den Aufgaben und Pflichten, der Würde und dem Scheitern der Universität gesagt und gehalten hat, etwa zum dreißigjährigen Bestehen der Freien Unversität im Jahre 1978, und zwar zusammen mit Richard Löwenthal und Eberhard Lämmert, bleibt zweifellos gültig.

Die zahlreichen öffentlichen Nachrufe der letzten Tage haben uns schon den Lebensweg und das Lebenswerk von Helmut Gollwitzer wieder vor Augen geführt. Religiös überzeugt und durch Karl Barth geprägt, studierte er Evangelische Theologie und war in der Zeit des Nationalsozialismus schon alt und zugleich glaubens-

Am 19. April 1967 an der Freien Universität Berlin: Zur Vollversammlung aller Fakultäten anläßlich der Urabstimmung zu einem »Sitzstreik« spricht Helmut Gollwitzer zu den Studenten

wie gewissensstark genug, um Widerstand zu leisten und denen zu helfen, die in Not, Verfolgung und Lebensgefahr waren. Als Gemeindepfarrer trat er in Dahlem die Nachfolge von Martin Niemöller an und war auch mit Dietrich Bonhoeffer verbunden. Nach der »Reichskristallnacht« hielt er hier eine Predigt, in der er unter anderem sagte: »Nun wartet draußen unser Nächster, notleidend, schutzlos, ehrlos, hungernd, gejagt und umhergetrieben von der Angst um seine nackte Existenz, er wartet darauf, ob heute die christliche Gemeinde wirklich einen Bußtag begangen hat. Gott will Taten sehen.«

Er überlebte als Sanitäter und Soldat im Osten den Krieg und danach die sowjetische Gefangenschaft. Sein vielleicht bedeutendstes literarisches Werk ist aus dieser Erfahrung entstanden: »...und führe uns, wohin du nicht willst«. 1949 erhielt er den Lehrstuhl für Evangelische Systematische Theologie an der Universität Bonn. Alsbald schon begann sein Kampf gegen die Wiederaufrüstung der Bundesrepublik und später gegen Rüstung und Nachrüstung und für Frieden und Versöhnung. Die Lehre von den zwei Reichen war nicht seine Sache. Deshalb mischte er sich in Politik und Gesellschaft ein und leistete überall Widerstand, wo er eine falsche Entwicklung sah. Cum ira et studio – das war seine Überzeugung, das war sein Leben. »Ein zorniger Mann, ein frommer Mann«, wie ihn jetzt einer beschrieben hat.

Damit entsprach er so gar nicht der Idealvorstellung von einem deutschen Professor und Theologen. Aber eben dem verdankt die Freie Universität seine Berufung im Jahre 1957 zum ersten Direktor des Instituts für Evangelische Theologie. Etwa zeitgleich war nämlich eine Berufung nach Basel zur Nachfolge von Karl Barth in Sicht. Dietrich Goldschmidt hat in seinem Nachruf von einem Gespräch berichtet, das er damals mit Helmut Gollwitzer darüber geführt und dem er auf die Frage »Basel oder Berlin?« etwa folgendes geantwortet hatte: »Gehst du nach Basel, so wirst du – wie so mancher andere – eine Dogmatik schreiben. Laß *sie* es tun. In Berlin bist du unersetzlich als Theologe, der die christliche Stimme innerhalb und außerhalb der Universität unüberhörbar zur Geltung bringt und sich im Sinne Martin Buberscher Theopolitik in die öffentlichen Angelegenheiten einmischt.« So kam es dann, wobei die Baseler Fakultät Helmut Gollwitzer den Entscheidungskonflikt dadurch ersparte, daß sie ihn wegen »unklarer Einstellung zum Kommunismus« nicht mit einem Ruf bedachte.

Helmut Gollwitzer gehörte zur Freien Universität wie diese zu ihm. Deren Ideale »Veritas, Libertas, Justitia« verband er mit den bürgerlichen Grundverheißungen »Freiheit, Gleichheit, Brüderlichkeit«. Seine Antrittsvorlesung »Theologie im Haus der Wissenschaften« war bezeichnend, in dem er der Theologie die Aufgabe zuerkannte, darauf zu bestehen, daß »die Wirklichkeit dieser Welt unlösbar ist von der Wirklichkeit Gottes«. Das »Wort zum Sonntag« und der »Protest zum Alltag« waren für ihn eins; er stand immer den Schwachen und Benachteiligten bei, und zwar auch mit ganz persönlicher Hilfe. Sich der Wirklichkeit stellen und darauf einwirken, das war seine Haltung. So sah er auch das Verhältnis zwischen Universität und Gesellschaft. Die Universität dürfe sich nicht abkapseln, sondern müsse sich mit der Gesellschaft auseinandersetzen. Das war zugleich eine Absage an die von den Studenten der 68er Jahre gesuchte »Universität außerhalb der Gesellschaft«.

Damals gehörte er zu den wenigen Professoren, die für diese Studenten noch eine Autorität und eine moralische Instanz waren.

Das ist hier nicht im Sinne eines Vorwurfs gegen die anderen zu verstehen, die sich nicht zumuten lassen wollten, was teils auch unzumutbar war. Helmut Gollwitzer hatte aber und behielt die Kraft zu ernsthafter Auseinandersetzung und Mahnung und zugleich Solidarität und Achtung. Rückblickend meinte er später bedauernd, daß bei dem kämpferischen Gegeneinander dieser Zeit keine Möglichkeit gegeben war, zu dem nötigen und von ihm immer erträumten akademischen und hochschulpolitischen Miteinander zu kommen.

Er ließ sich auf viele ein, ohne sich dadurch vereinnahmen zu lassen, im Grunde weniger hochschulpolitisch als seelsorgerisch tätig, von seinem Gewissen getragen und getrieben. Darin fand er auch die Kraft zu überzeugendem Reden und Handeln. Er sprach engagiert bei stürmischen Vollversammlungen und Demonstrationen, aber ebenso teilnehmend am Grabe von Rudi Dutschke und Ulrike Meinhoff. Christentum und Sozialismus war für ihn ein herausforderndes Thema, bis ins hohe Alter blieb er der Friedensbewegung verbunden, fortwährend wirkte er verantwortlich für die Erneuerung der Beziehung zwischen Christen und Juden, zwischen Deutschland und Israel. Bezeichnend und ausgezeichnet erhielt er die Buber-Rosenzweig-Medaille und den Carl-von-Ossietzky-Preis.

In einer Art Festschrift zum 70. Geburtstag hat Ingeborg Drewitz über sein Christsein geschrieben, für ihn sei es »die permanente Revolution für die Menschen«, eine »Aufgabe, die nicht endet, die immer neu fordert, vor der zu versagen falsche Friedfertigkeit wäre... Er hat keine neue Lehre entworfen, aber hat die Ur-Lehre wieder belebt. Er hat Zeichen gesetzt, und viele haben die Zeichen verstanden.«

Die Freie Universität Berlin bleibt Helmut Gollwitzer in tiefer Verehrung und Dankbarkeit, im Gedenken und Denken verbunden. Sein Vermächtnis ist der Auftrag, daß die Lehrenden und Lernenden dieser Universität wieder in gemeinsamen Idealen zusammenfinden.

Manfred Weber
Helmut Gollwitzer und der Chr. Kaiser Verlag

Ein gemeinsamer Weg von über 60 Jahren verbindet Helmut Gollwitzer mit dem Chr. Kaiser Verlag. Eine Verbindung nicht nur zwischen Autor und Verlag, sondern eine persönliche Beziehung zu den Verlegern Albert Lempp, Otto Salomon, Fritz Bissinger, Manfred Weber und Freundschaften zu ihren Familien.

Bereits vor 1933 waren die ersten Kontakte zum Verlag vorhanden, mit Georg Merz und Albert Lempp. 1937 erschien die erste große Arbeit im Verlag »Coena Domini«, 1939 die erste Predigtsammlung, 1941 »Jesu Tod und Auferstehung«. Alle Bücher wurden nach dem Krieg wieder aufgelegt. 1951 erschien dann »... und führen, wohin du nicht willst«. Bis heute neben »Krummes Holz – aufrechter Gang« das bekannteste und am weitesten verbreitete Buch von Helmut Gollwitzer. Aufsatzbände, Predigtsammlungen, Meditationen, politische Beiträge und viele Vorworte sind als literarisches Werk erhalten. Es waren immer Signale zum Dialog.

Als Mitherausgeber der Zeitschrift »Evangelische Theologie« bestimmte in den vergangenen Jahrzehnten Helmut Gollwitzer wesentlich den Kurs der Zeitschrift, nicht in Einseitigkeit, die ihm ungerechterweise immer wieder vorgeworfen wurde, sondern als Gesprächspartner, als Vermittler, offen für das Neue. Seine ursprüngliche theologische Herkunft verleugnete er dabei nie. Er sorgte dafür, daß in der Zeitschrift Themen der »Politischen Theologie«, der »Feministischen Theologie« und der »Sozialgeschichtlichen Bibelauslegung« Aufnahme fanden und diskutiert wurden.

Seine Überzeugung, seine Verläßlichkeit und Glaubwürdigkeit machte dem Verleger immer wieder Mut, im Programm des Verlages nicht nur die angepaßten Wege in Theologie und Kirche zu gehen. Mit Helmut Gollwitzer, als Autor und Berater, hat der Verlag Grenzen überschritten.

Nachdem sich Helmut Gollwitzer aus dem unmittelbaren kirchlichen, gesellschaftlichen und politischen Geschehen zurückgezogen hatte, war dies auch in der verminderten Nachfrage nach seinen Büchern zu spüren. Alles hat seine Zeit, aber ich bin davon überzeugt, daß für viele die Theologie Helmut Gollwitzers noch zu entdecken ist – für Zeitgenossen, aber auch für die kommende Generation.

Das zum Teil heute noch nicht überschaubare literarische Vermächtnis und die von Helmut Gollwitzer immer wieder geäußerte Sorge, daß die Ware Buch den Geist töten könnte, bleibt dem Verlag als Aufgabe und Herausforderung über die dankbare Erinnerung eines gemeinsamen Weges hinaus. Ein Weg, der die Geschichte des Verlages auszeichnete und prägte.

Richard von Weizsäcker
Die Dankbarkeit für sein Leben
wird bleiben

Lieber Herr Freudenberg,

ich weiß nicht, an wen ich mich wenden darf, um zu sagen, wie sehr mich Leben und Tod von Helmut Gollwitzer bewegen. Darf ich es Ihnen gegenüber tun?

Seit seiner Jugend war sein Name in unserer Familie wohlbekannt. Als ich fast noch ein Kind war, sprach meine Mutter immer wieder von ihm.

Seine Werke gehören zu den wenigen Arbeiten der Nachkriegszeit, die ich nie vergessen habe. »Und führen, wohin du nicht willst« und »Krummes Holz – aufrechter Gang« vor allem. Auch aus seiner Schrift über »Die kapitalistische Revolution« habe ich mehr über das 19. Jahrhundert gelernt als aus allen Geschichtsbüchern.

Es war schwer, in jeder einzelnen Frage seine Meinung und Haltung immer nachzuvollziehen. Doch es war unmöglich, von seinem Anruf unberührt zu bleiben.

Er hat stets den Kern getroffen, an dem Glauben und Leben sich aufeinander einlassen müssen, wenn sie ernst gemeint sind. Zugleich war alles nicht nur empfunden und erfahren, sondern auch durchdacht. Wir sind heute nur noch Stiefkinder der Aufklärung. Aber daß wir die Ehrlichkeit des Weges zu ihr und ihre Kraft verstehen und nutzen, auch das hat er uns gelehrt. Und Lehre war stets durch Handeln von ihm beglaubigt.

Die Dankbarkeit für sein Leben wird bleiben.

Es grüßt Sie herzlich

Ihr Richard von Weizsäcker

Gott will,
daß von uns Menschen
nicht ein Geist des Hasses
und der Bitterkeit
und der Angst ausgeht,
sondern
ein Geist der Freude
und der Liebe.
Gott will,
daß keiner von uns wartet,
bis die anderen ihn lieben,
sondern
daß jeder von sich selbst aus
den Anfang macht.

Helmut Gollwitzer

Johannes Rau
Wir haben Grund, Gott zu danken

Sehr geehrte Frau Gollwitzer,

die Nachricht vom Tode Helmut Gollwitzers hat mich sehr bewegt. Ich möchte Ihnen, allen Angehörigen und seinen engen Freunden mein herzliches Beileid und meine aufrichtige Anteilnahme aussprechen.

Mich berührt es, daß die Gedenkfeier für Ihren Bruder ein Dankgottesdienst werden soll. Ja, wir haben Grund, Gott für das Leben und Wirken von Helmut Gollwitzer zu danken. Sein kritisches Wort, das immer von der Liebe zu den Menschen getragen und von dem Ringen um Gerechtigkeit geprägt gewesen ist, wird uns sehr fehlen. Wir können nicht alle der Segensspuren, die er hinterläßt, erkennen, aber der, in dessen Liebe Helmut Gollwitzer eingegangen ist, weiß um sie.

Ich wünsche Ihnen in diesen schweren Wochen Kraft und Trost und hoffe, daß Sie aus dem Gedanken an das erfüllte Leben Ihres Bruders Zuversicht schöpfen können.

Mit stillem Gruß

Ihr Johannes Rau

Weil Gott die Tränen abwischen wird,
hat es Sinn, hier schon Tränen
zu trocknen und zu verhindern.
Weil der Schmerz verschwinden soll,
wird jetzt schon jede Schmerzstillung,
jede Wohltat zum Hinweis
auf die große Verheißung.
Weil Gottes Reich ein Reich
der Freiheit sein will,
ist jetzt schon der Kampf
gegen Unterdrückung
eine Demonstration für das Reich Gottes.

Helmut Gollwitzer

Manfred Stolpe
Ein glaubwürdiger Christ, ein ernster Mahner, ein engagierter Streiter

Verehrte, liebe Angehörige und Freunde Helmut Gollwitzers,

die Nachricht von unerwarteten Tode Helmut Gollwitzers hat mich tief betrübt und bedeutet für alle, die ihm nahestanden, einen schmerzlichen Verlust. Professor Gollwitzer gehörte zu jener Generation, die auf dem dunklen Hintergrund von Nationalsozialismus und Krieg erfahren hat, welch innerer Stärke es bedarf, um zu widerstehen. Und zugleich erfuhr er als Mitglied des Bruderrates der Bekennenden Kirche die Ermutigung, die von einer dem Evangelium verpflichteten solidarischen Gemeinschaft ausgehen kann.

Von diesen grundlegenden Eindrücken ließ er sein Leben lang nicht ab. Leidenschaftlich, aber ohne Fanatismus praktizierte er aufrechten Ganges die Freiheit eines Christenmenschen und prägte so – und sei es auch im Widerspruch zu ihnen – die Gestalt von Kirche und Gesellschaft mit.

Helmut Gollwitzer war Professor der Theologie, aber seine Theorie war zugleich Einweisung in eine erneute und erneuernde Praxis des Gemeindelebens und des Miteinanders in der Gesellschaft. Er war ein Lehrender und lernte doch täglich selbst, was es heißt, die Impulse des Evangeliums umzusetzen in politische Arbeit angesichts der Herausforderungen von Wirtschaft, Staat und Kirche. Das machte ihn unbequem und ließ ihn umstritten werden. Zugleich war dies der Ausweis seiner Glaubwürdigkeit und brachte ihm neue Bundesgenossen quer durch alle Lager.

Und er war ein Mann des Dialogs: Er hörte auf die Stimmen der christlichen Tradition und lernte, die jüdischen Geschwister auf neue Weise zu achten.

Er führte das Gespräch mit Marxisten und erkannte sich in geistiger Nähe zu ihnen.

Und er hörte auf die Protestrufe – vor allem der nachfolgenden Generation – und mischte sich ein, wo es um Demokratisierung, um ein Leben ohne Rüstung, um mehr Gerechtigkeit zugunsten Benachteiligter ging.

Vor allem aber war er ein brüderlicher Mensch: im Miteinander seiner Freunde und Schüler, in der christlichen Gemeinde, in der Solidarität des politischen Kampfes. Selbst den Streit mit dem Gegner führte er mit offenem Visier und blieb trotz aller eigenen Festigkeit fair. Wenn es ihm sein Gewissen gebot, war er auch bereit, zwischen die Fronten zu treten, um beide Seiten voranzubringen.

So war er ein glaubwürdiger Christ, ein ernster Mahner, ein engagierter Streiter, ein Mitmensch, der Hoffnung vermittelte und vielen den Weg wies. Die Anregungen, die er gab, haben Generationen geprägt. Seine Glaubens- und Lebenspraxis bleibt für uns ein lebendiger Impuls. Deshalb können wir trotz aller Trauer um seinen Verlust doch dankbar von ihm Abschied nehmen – dankbar für das, was er seinen Schülern und Partnern, Freunden und Weggenossen in Ost und West, Nord und Süd als Grundlage und Aufgabe für die Gestaltung ihres Verantwortungsbereiches vermittelt hat.

Mein Beileid gilt vor allem Ihnen, seinen Familienangehörigen, und den Freunden, die ihm nahestanden, und ich wünsche Ihnen allen, daß die Hoffnung, die Helmut Gollwitzer ein Leben lang hindurch getragen hat, auch jetzt die Trauernden tröstet.

Rudolf Scharping
Sein Mut hat manchen vor Kurzsichtigkeit bewahrt

Schreiben an die Schwester von Helmut Gollwitzer

Sehr verehrte Frau Professor Gollwitzer,

im Namen der Sozialdemokratischen Partei Deutschlands beklage auch ich den Verlust des streitbaren und Generationen prägenden Theologen Helmut Gollwitzer. Er hat gezeigt, daß der Auslegung des Evangeliums eine zutiefst politisch-gesellschaftliche Dimension zu eigen ist.

In der Tradition seines geschätzten Lehrers und Freundes Karl Barth hat Gollwitzer die Erneuerung der Theologie dieses Jahrhunderts mitgeprägt und Teilen des Protestantismus den Rückzug in die Innerlichkeit als Versagen vor den Herausforderungen unserer Zeit vorgehalten.

Auf der Grundlage der christlichen Soziallehre forderte er den Diskurs über das Versagen von Kapitalismus und Kommunismus vor der Gerechtigkeitsfrage. In diesem Zusammenhang stand auch sein beharrlicher Einsatz für einen Dialog zwischen Christentum und Sozialismus.

Helmut Gollwitzer hat erfahren müssen, welchen Anfeindungen und Diskriminierungen ein kritischer Theologe ausgesetzt sein kann, sobald er im Namen einer kritischen Öffentlichkeit die Mehrheitsmeinung in Frage stellt. Sein Mut, die deutsche Nachkriegsgesellschaft zur haßfreien Auseinandersetzung mit Studentenrevolte und dem RAF-Terrorismus aufzufordern, hat manchen in den sechziger und siebziger Jahren vor Kurzsichtigkeit bewahrt.

Mit Helmut Gollwitzers Tod ist eine Generation von Theologen und Kirchenmännern zu Ende gegangen, die mit den Namen Kurt Scharf und Heinrich Albertz verbunden ist.

Theologische Existenz

Peter Winzeler
Von Gott am Kragen gepackt

Michael Meier: Sie waren mit Helmut Gollwitzer befreundet. Der Professor für Systematische Theologie an der Freien Universität Berlin war Ihr Doktorvater. Wer war Gollwitzer in erster Linie – der Begründer einer theologischen Schule, Vater der Politischen Theologie, eine charismatische Persönlichkeit?

Peter Winzeler: Begründer einer theologischen Schule wie sein Lehrer Karl Barth war Gollwitzer nicht, wollte er nicht sein. Gleichwohl hat er einen riesigen Jüngerkreis um sich geschart: Politologen, Soziologen, Vertreter Lateinamerikas, Psychologen, Christen aus Ost und West. Da kann man sicher von Charisma sprechen.

Wenn man andererseits unter Politischer Theologie einen akademischen Ansatz, eine Modeströmung versteht, dann war Gollwitzer kein Politischer Theologe. Er verstand sich als Christ in der Gesellschaft, als verantwortlicher Bürger.

Bereits 1955 hatte Gollwitzer in der Frankfurter Paulskirche gegen die Wiederaufrüstung gepredigt. Noch als alter Mann nahm er in Mutlangen an einer Sitzblockade vor dem Depot der amerikanischen Pershing-II-Raketen teil. Kaum eine Demo in Berlin, an der er nicht an vorderster Front dabei gewesen wäre. Welche Rolle spielte er in den letzten Jahren auf dem politischen Parkett?

Gollwitzer war einer der wenigen »zornigen alten Männer«, eine der Galionsfiguren der Friedensbewegung – zusammen mit seinen Freunden Heinrich Albertz, dem früheren Regierenden Bürgermeister von Berlin, dem einstigen Bischof Kurt Scharf und Heinrich Böll. Was dabei interessant ist: Gollwitzer war in den fünfziger Jahren, damals Theologieprofessor in Bonn, eher ein Mann des Establishments – aufgrund seiner heftigen Kritik an dem von ihm in der Kriegsgefangenschaft erlebten Sowjetmarxismus –, befreundet mit Gustav Heinemann, dann vom konservativen Bischof Otto Dibelius an die Berliner Freie Universität berufen. An dieser von Studenten initiierten und von den Amerikanern gegründeten Institution des Kalten Krieges wechselte er die Front. Natürlich hatte er schon in den fünfziger Jahren gegen die Atomwaffen gekämpft. Aber für Dibelius war er 1957 der geeignete Mann, um in West-Berlin das Christentum gegenüber dem Marxismus zu repräsentieren.

1949, heimgekehrt aus der russischen Kriegsgefangenschaft, hat Gollwitzer in seinem Buch »... und führen, wohin du nicht willst« mit dem Marxismus sowjetischer Prägung abgerechnet. Gleichwohl hat ihn außerhalb des Christentums nichts so sehr fasziniert wie der Marxismus.

Das ist richtig. In den dreißiger Jahren hatte Gollwitzer an kommunistischen Parteiversammlungen teilgenommen, ohne aber, wie ich meine, Marxist gewesen zu sein. Nach der Kriegsgefangenschaft in den fünfziger Jahren hat er den Marxismus kritisiert wie ein konservativer Lutheraner: Der Marxismus ist voll religiöser Ziele, die innerweltlich nicht zu erfüllen sind. Er führt in die Barbarei, von Marx direkt zu Stalin.

Andererseits übernahm Gollwitzer laufend Elemente aus dem von ihm studierten Marxismus – Einsichten über die tiefe soziale Ungerechtigkeit des westlichen Systems, über Klassenbindung, auch der Intellektuellen, über die Berechtigung einer Religionskritik gegenüber einem Gott, der sich rechtfertigend zum ökonomisch verursachten Elend verhält, während der biblische Gott für die Unterdrückten Partei ergreift. In der Studentenbewegung dann begann Gollwitzer sich das ökonomiekritische und soziologische Instrumentarium des Marxismus anzueignen und geriet schließlich in die Nähe des schweizerischen Religiösen Sozialismus eines Leonhard Ragaz und dessen Überzeugung, daß Gott die Welt verändert.

Stichwort Studentenbewegung. Rudi Dutschke, der zeitweilig bei Gollwitzer wohnte, nannte ihn seinen väterlichen Freund »Golli«, 1968 »den einzigen Transmissionsriemen zwischen den rebellierenden Studenten und den Professoren«.

Das Zitat von Dutschke ist sehr treffend, weil Gollwitzer in der Tat einer der ganz wenigen Leute des Establishments war, die sich kommunikationsfähig zeigten und zu den studentischen Versammlungen gingen. Ich selber fand damals Gollwitzers politische Stellungnahmen sehr überraschend und aufklärend, während mir seine Theologie orthodox vorkam. So hatte er wohl nicht als Theologe, sondern als Erzieher der Studentenbewegung Zulauf, weil er deren Grundfragen, die Gewaltfrage beispielsweise, aufgriff.

Gollwitzer bekannte an der Beerdigung von Ulrike Meinhof: »Jeder Mensch – ein Gotteshaus«. Liebäugelte der Friedensbewegte etwa doch mit dem Terrorismus?

Eine der am meisten umstrittenen Unterscheidungen Gollwitzers war jene zwischen Gewalt an Personen, die er absolut negierte, und der Gewalt gegen Sachen, die er unter gewissen Bedingungen für vertretbar hielt. Man muß diese Gewaltdiskussion vor dem Hintergrund des Vietnamkrieges und den terrorisierenden Wirkungen des Kalten Krieges verstehen. Darum Gollwitzers Eintreten für Personen, die sich in die terroristische Szene verirrt hatten, denen er seelsorgerisch und als Mensch verbunden war, ohne ihre politische Analyse und Praxis zu teilen.

1934 war Gollwitzer als Student in Bonn zur Bekennenden Kirche gestoßen, jener Bewegung innerhalb der evangelischen Kirche Deutschlands, die sich gegen die völkisch-nationalistische Vereinnahmung wehrte. 1938 wurde er Pastor in Berlin-Dahlem. Er predigte auf der Kanzel des von den Nazis inhaftierten bekennenden Pfarrers Martin Niemöller und lehrte an der illegalen Kirchlichen Hochschule, bis er Redeverbot erhielt und an die Rußlandfront verbannt wurde. Ging Gollwitzers politische Radikalität auf die Nazi-Zeit zurück?

In jener Zeit hat Gollwitzer nicht eigentlich politisch agiert. Aber als direkter Nachfolger Niemöllers ist er in seinen Predigten und Fürbitten so deutlich für die Opfer des Nationalsozialismus eingetreten, daß er zweimal verhaftet, dann aus Thüringen und Berlin ausgewiesen und schließlich an die Ostfront geschickt wurde. Die Kirche sah es gern, daß die bekennenden Pfarrer verschwanden, während sie die konservativen Pfarrer in den Gemeinden behalten wollte. Ein großer Teil der Kirche war damals ja selber nationalsozialistisch.

Für Gollwitzer wurde dann zu einem Urdatum seiner Existenz, daß er den Krieg überlebte. Von da an wollte er seine Schuld, seinen Dank seinem Gott gegenüber abtragen. Noch in seinen letzten Jahren hat er sich mit der Frage gequält, warum er nicht den Mut hatte, sich als Dienstverweigerer erschießen zu lassen. Seine

Theologie ist von daher übrigens völlig frei von der akademischen und bürgerlichen Begründungsproblematik, ob es überhaupt einen Gott gibt. Gollwitzers Gott sprach direkt zu ihm, packte ihn am Kragen und fragte: Was tust du? Was tust du gegen die Remilitarisierung, gegen alten und neuen Antisemitismus?

Bei der anderen tragenden Figur der Bekennenden Kirche, bei Karl Barth, hatte Gollwitzer studiert und doktoriert – bis 1935 in Bonn, dann in Basel. 1962 hätte er Barths Baseler Lehrstuhl übernehmen sollen, löste aber einen »Kirchenkampf« aus. »Ich verhülle mein Haupt und schäme mich der Vaterstadt, der Schweiz und der angeblich freien Welt«, zürnte damals der einstige Sozialdemokrat Barth. Sein Nachfolger wurde dann der junge Schweizer Heinrich Ott, der nachmalige SP-Nationalrat. Eine so »rote Laus« wie Gollwitzer aber wollte sich die Schweiz offenbar vom Pelz halten.

Barth schätzte »Golli« als Freund und als Dogmatiker, und er war für ihn 1962 der einzige genehme Nachfolger. Die Ablehnung Gollwitzers bedeutete für Barth freilich auch die Ablehnung seiner eigenen Theologie, nämlich der Verbindung von biblischer Theologie, kirchlicher Existenz und politischer Stellungnahme. In Basel hatte man Angst, Gollwitzer könnte linke Zellen bilden, es gab deswegen sogar parlamentarische Anfragen. Gollwitzer war damals bereits bekannt für seine radikaldemokratischen Postulate, für sein Anti-Atom-Engagement und seine Ablehnung der Frontenbildung im Kalten Krieg. Heinrich Ott war demgegenüber existentialtheologisch orientiert.

Wird am Freitag mit Gollwitzer der letzte Exponent einer Praxis gewordenen Theologie zu Grabe getragen? Oder gibt es noch Politische Theologen von seinem Schlag – etwa in der lateinamerikanischen Befreiungstheologie?

Die einzige echte Gesprächspartnerin, die Gollwitzer hierzulande gefunden hatte, war die evangelische Theologin Dorothee Sölle. Plakativ gesagt, sehe ich in ihr, was die Theologie betrifft, die konsequent von der Erfahrung des Unterdrücktseins ausgeht, sein einziges wirkliches Pendant. Die akademische Theologie hat sich demgegenüber der politischen Praxis weitgehend verschlossen. Und die Politische Theologie ist zum Teil zu einem Modetrend für den Salon geworden. Freilich wird Gollwitzers Geist in der Befreiungstheologie Lateinamerikas und auch in Basisgemeinden in Europa weiterleben. In seinen Seminaren war die Lateinamerika-Problematik stets präsent. Die Befreiungstheologie ist ja auch an den europäischen Universitäten mitentwickelt worden.

Gollwitzer war bekannt als politisch engagierter Mensch, allenfalls auch für seinen Beitrag im jüdisch-christlichen Dialog. Man hat indes weniger zur Kenntnis genommen, daß er sich sehr kritisch – und, wie es heißt, konservativ – mit der Entmythologisierung von Rudolf Bultmann und Herbert Braun auseinandergesetzt hat.

Die Judentum-Problematik nach Auschwitz stand im Vordergrund seiner Überlegungen. Damit eng verknüpft war für ihn die Entmythologisierungs-Problematik. Das Entmythologisierungs-Programm der Bultmann-Schule arbeitete zum Teil mit unbewußten antijüdischen Klischees. Es wollte das Alte Testament und das hebräisch-biblische Denken religionsgeschichtlich entwerten und als Mythos herabsetzen. Damit ging aber der ganze Rahmen der alttestamentlichen Bundes- und Befreiungstheologie verloren. Da mußte der Gollwitzer einfach auf die Barrikaden. Er erkannte, daß die Entmythologisierung die Existentialisierung und Individualisierung des Glaubens begünstigte und zum Verlust der sozialen Reich-Gottes-Theologie führte. Gollwitzer hat aber das, was die Entmythologisierung meinte, selber aufgenommen in einer viel radikaleren Ideologiekritik: Mit Marx hat er die Entgötterung der Götter (Kapital, Markt...) zum Problem gemacht.

Von Gollwitzer erzählt man auch, wie er seinem sterbenden Freund Gustav Heinemann Lieder aus dem Kirchengesangsbuch vorgesungen hat. Der streitbar-engagierte Theologe letztlich also ein tief frommer Mensch?

Ja, das kann man sagen. Freilich hatte Gollwitzer wiederholt Zeiten des Unglaubens. Und ich denke, er hat sich am Ende gefragt, ob das, was er tat, auch einen Sinn gehabt hatte. Aber seine unverwüstliche Substanz an lutherischer Frömmigkeit und sein Hören auf das biblische Wort hat ihn immer wieder gerettet – auch in der Kriegsgefangenschaft, wo er die Mitgefangenen tröstete und aufrichtete. In diesem Sinne hat er nie kapituliert.

(aus: Tagesanzeiger, Zürich, 27. Oktober 1993)

Leben heißt Hoffen.
Jeder Atemzug ist ein Hoffnungsakt.
Denn in jedem Augenblick
geht es um den nächsten Augenblick,
um die nächste Zukunft.
Wer nicht mehr hofft, geht bald ein.
Wenn die Resignation das Hoffen
sofort als Illusion denunziert,
wenn das Hoffen matt wird
unter der Last der Resignation,
dann wird auch das Leben matt,
entschlußlos,
ohne Zukunftsperspektive,
eingeengt nur auf die nächsten
Notwendigkeiten
und aufs kleine private Wohl
für die paar Lebensjahre.
Mehr zu hoffen ist uns nicht erlaubt.
Die starken Argumente der Resignation
verbieten jedes Mehr.

Helmut Gollwitzer

Friedrich-Wilhelm Marquardt
Helmut Gollwitzer
zwischen Luther und Barth

Das allgemeine Echo auf Helmut Gollwitzers Tod am 17. Oktober 1993 war – für einen Theologen am Ende des 20. Jahrhunderts – ungewöhnlich lebhaft und unerwartet freundlich. Er war ja einer, der immer wieder Schlagzeilen machte durch seine Beteiligung an politischen Demonstrationen und Kundgebungen gegen die deutsche Wiederbewaffnung und die atomare Rüstung, gegen den französischen Algerien- und den US-amerikanischen Vietnamkrieg, gegen die hysterischen Formen des westdeutschen Antikommunismus in der Zeit des Kalten Krieges und die Bekämpfung der Berliner Studentenbewegung in den sechziger Jahren, auch als Sympathisant der Hausbesetzerbewegung, die von Amsterdam in das alte West-Berlin übergegriffen hatte. In Nachrufen wird er »Ahnherr«, »Ahnvater« aller linken gesellschaftlichen Protestgruppen der alten Bundesrepulbik Deutschland genannt – als wäre er der Erfinder, gar ein praktischer Initiator solcher Bewegungen gewesen! Die Unfähigkeit des öffentlichen Bewußtseins, gesellschaftliche Vorgänge als solche wahrnehmen und verarbeiten zu können, der Zwang, zu personalisieren und hinter unliebsamen Vorkommnissen Anstifter und Agenten dingfest machen zu müssen, um sie als Sündenböcke bekämpfen zu können, hat sich, wie in den frühen fünfziger Jahren auf Martin Niemöller, später auf Heinrich Böll, hier in Berlin auf den Bischof Kurt Scharf, so immer wieder auch auf Helmut Gollwitzer konzentriert. Um so erstaunlicher, wie freundlich nach seinem Tode Presse, Funk und Fernsehen von ihm sprachen; auf einmal galt der Sündenbock als ein Großer, dessen Verlust nicht nur Verwandte und Freunde, sondern eigentlich alle rechtschaffenden Deutschen zu beklagen hätten. Ich möchte das freilich nicht als eine Heuchelei ansehen, eher als Ausdruck dafür, daß man in der Beharrlichkeit, ja wie Sturheit erscheinenden Energie und Konsequenz seiner politischen Äuße-

Vorlesung von Helmut Gollwitzer am 8. Mai 1987 an der Freien Universität

rungen doch geistige Hintergründe mindestens ahnte, die bei vieler Ablehnung doch Respekt erheischten. Weil von Gollwitzer bekannt war, daß er in der Nazi-Zeit mit der damaligen Bekennenden Kirche gegen Hitler stand, anhaltend Juden geholfen und nach der Pogrom-Nacht 1938 auch laut und vernehmlich und vor großer Gemeinde in der damaligen Reichshauptstadt gegen die Judenverfolgung gepredigt hatte, daß er mit dem berüchtigten Reichsredeverbot belegt, mehrfach verhaftet worden war, stand er in der Nachkriegszeit – ähnlich wie sein Freund Niemöller – unter einem gewissen Tabu; man ließ ihm durchgehen, was Jüngeren nicht verziehen und bei ihnen manchmal mit Berufsverbot belegt wurde. Es gehört zur Größe des »politischen« Gollwitzer, daß er seine frühere Bewährung in der Nazi-Zeit später nutzte, um den allgemeinen Unwillen gegen »links« gerade auf sich zu ziehen, sein Renommee belasten zu lassen von allen möglichen Aktionen und Äußerungen Jüngerer, die er selbst doch kaum billigte und an denen er im Gespräch mit ihnen oft scharf und heftig widerstand.

Aber was bewegte ihn? Er entstammte einem oberpfälzischen Bauerngeschlecht, sein Vater war ein deutschnational und antisemitisch gesonnener, stockkonservativer lutherischer Pfarrer, zunächst im Fränkischen, dann in Lindau am Bodensee. Bis in seine eigenen letzten Lebenstage beschäftigte Gollwitzer sein problematisches Verhältnis zu diesem Vater – ein Zeichen, wieviel an eigener Möglichkeit er dem Vater noch dankte. Seinen vielen nicht-christlichen Freunden und Kampfgefährten blieb es immer ein Rätsel, wie sich in ihm linke politische Progression und ein stark ausgeprägter kirchlich-konservativer Grundzug vertragen konnten. Tatsächlich bezeichnet das eine außerordentliche seelische und geistige Spannweite seiner Persönlichkeit. Und vermittelte sich doch in ihm *theologisch*.

Er verstand sich immer als Schüler Luthers und hielt noch seine letzte öffentliche Vorlesung an der Berliner Freien Universität über des Reformators Kleinen Katechismus. Aber er las – belehrt von theologischen Freunden wie Ernst Wolf und Hans Joachim Iwand und Karl Gerhard Steck – Luthers Schriften lebendiger, frischer, als sie im kirchlichen Luthertum überliefert und verfestigt worden waren: als Texte eines zugleich theologisch und doch auch gesellschaftlich revolutionären Lebens seiner Zeit. Bei Gollwitzer führte das zu der merkwürdigen Entscheidung, an der berühmtberüchtigten Zwei-Reiche-Lehre festzuhalten, als in den fünfziger Jahren seine Freunde und wir damals Jüngeren in den Kirchlichen Bruderschaften beschlossen, eine Zeitlang diese Tradition beiseite zu stellen und statt dessen – Karl Barth folgend – lieber die Verkündigung von der Königsherrschaft Christi zum Grund und Motiv unseres gesellschaftlichen Zeugnisses zu wählen. Gollwitzer konnte dagegen der Überlieferung treu bleiben, weil er in der Zwei-Reiche-Lehre ihre progressive Möglichkeit betonte, nämlich: die Glaubens- und Kirchenradikalität des geistlichen Reiches Gottes zu wahren, ohne sie dem Kompromißwesen des politischen »Reiches« unterwerfen zu müssen. In meinen Augen hat er damit Luthers Meinung und Absichten besser verstanden als das konfessionelle Luthertum, das mit der Zwei-Reiche-Lehre Christen als Christen politisch nur »ruhigstellen« wollte.

Konservativ blieb Gollwitzer auch in seinem Reden von Gott, als infolge der Erfahrungen des Vietnamkrieges in den USA eine Tod-Gottes-Theologie entstand und schnell auch in Europa Einfluß gewann. Nicht daß Gollwitzer nicht selbst den Anfechtungen des neuzeitlichen Nihilismus, des theoretischen und praktischen Atheismus der westlichen und östlichen Welt, auch des Werteverfalls der säkularisierten, dem Christentum verloren gehenden Gesellschaft sehr existentiell ausgesetzt gewesen wäre; er hat spätestens während seiner vier russischen Gefangenschaftsjahre das alles an sich heranlassen müssen, war freilich lange zuvor, schon als Student, mit den großen geistigen Erscheinungen dieser gesellschaftlichen Wirklichkeiten befaßt; Sozialist war er schon vor 1933. Aber es war ihm innerlich unmöglich, sein theologisches Denken diesen Entwicklungen und Einflüssen einfach zu assimilieren und etwa »vermittlungstheologisch« »aufzunehmen«. Er bestand auf der »Existenz Gottes« im Bekenntnis des christlichen Glaubens – auf Gottes personaler Wirklichkeit und Gegenständlichkeit (ähnlich wie Emil Brunner: mit Martin Buber denkend); er stemmte sich dagegen, Gott zu irgendeiner Funktion unseres Bewußtseins, unserer Erfahrung – und wäre es die einer Selbsterfahrung – werden zu lassen. Darin folgte er strikt Karl Barth, seinem zweiten großen Lehrer neben Martin Luther – wenngleich ihm gegenüber mit leisen Nuancen in der Frage der trinitarischen Durchdringung Gottes. Vielleicht geht dieser leichte Unterschied auf das Konto einer apologetischen Leidenschaft Gollwitzers: den christlichen Glauben vor seinen Verächtern und in deren Sprache und Denkformen zu verteidigen. (Er dachte seine Theologie immer konkreten Hörern und Lesern zu, ihn interessierte je länger je weniger eine nur dogmatisch-korrekte Wahrheit.) Vielleicht macht sich darin aber auch sein Bemühen bemerkbar, das Christentum neu aus seinen jüdischen Wurzeln denken zu lernen und eben darum nicht sofort mit einer trinitarischen Tür ins Haus zu fallen; vielleich stand er aber damit doch auch Karl Barth gar nicht so fern, wie es scheinen könnte, denn in den Jahrzehnten des »frühen« Barth hat ja der Lehrer selbst zwar groß von Gott, aber gar nicht oder nur leise vom trinitarischen zu sprechen gewußt; Barth selbst hat jedenfalls seinen Schüler deswegen nicht getadelt.

Eine Neuerung, und doch konservativ in der Gesinnung, war Gollwitzers Versuch, die Frage nach dem Sinn des Lebens den Christen von heute zurückzugewinnen. Sie war durch die Dialektische Theologie als eine allzu »religiöse« und menschlich-selbstinteressierte Frage zurückgedrängt worden. Aber Gollwitzer nahm sie aus der alten liberalen Theologie neu auf, als er über allzu kollektivistische Tendenzen innerhalb der Studentenbewegung in Sorge geriet und dort um das Humanum zu fürchten begann. Doch dachte er dieses Buch – »Krummes Holz – aufrechter Gang« – nicht als Kritik, sondern als Angebot an die junge Generation, und er wucherte hier mit dem Kapital des Vertrauens, das er bei der politisch aktiven jungen Generation besaß. Ihnen fühlte er sich seit den sechziger Jahren tiefer verbunden als so manchen Altersgenossen und Freunden, von denen er mehrere im Laufe seines Lebens durch seine innere Entwicklung immer öfter vor den Kopf stieß und verlor. Nach seinem Tode fanden wir eine letzte Willenserklärung, in der er, für den Fall, daß seine Universität vorhaben sollte, seiner zu gedenken, den Wunsch niederschrieb: Nur von Menschen der jüngeren Generation wolle er sich allenfalls Gedenkreden vorstellen. Klar, daß über dieses Attachement an die Jugend manch Älterer die Nase rümpfte und es für eitle Anbiederei hielt. Doch in Wahrheit war dies die Lebensbewegung eines ungemein lernwilligen, ja geradezu lernbedürftigen Lehrers, dem der letzte Vers des christlichen »Alten« Testaments stets aus einer Verheißung zu einem Gebot wurde: »Und Gott wird das Herz der Väter den Söhnen zuwenden«, und das wird in sich die Folge zeitigen, daß eben damit auch »das Herz der Söhne sich den Vätern wieder zuwenden« werde (Maleachi 4, 6). Gollwitzer hat das gelebt, und es ist ihm widerfahren. An ihm erfüllte sich der Wunsch, den Karl Barth einst seinem Freunde Eduard Thurneysen in einen Band der Dogmatik geschrieben hatte: »Dein Alter sei wie die Jugend.« Gerade diesen beiden Baslern gegenüber ist Gollwitzer, wie alt er auch wurde, immer ein »junger« und dankbarer Schüler geblieben in jenem Kreise, der auf dem berühmten »Bergli« über dem Zürichsee sich bei Gertrud und Rudolf Pestalozzi um Barth und Thurneysen sammelte: Dieser Freundeskreis war in den Jahren vor dem letzten Krieg, und noch während er schon tobte, doch die tiefste Freundschaftsbeziehung seines Lebens; kein Zweifel darum, daß er bei der Gedenkfeier im Basler Münster von Barth in einer biblischen Besinnung auf den Namen des »Freundes« Abschied nahm.

Jetzt haben wir am Sonntag seines Sterbens auf dem Kopfkissen seines Bettes zwei Bände der Barthschen Versöhnungslehre gefunden. Schon lange konnte er kaum noch lesen, vergaß auch sofort, was er und seine fast erblindeten Augen dennoch aufnahmen. Erst wenn man dies bedenkt, erkennt man, was wenigstens die materielle Nähe der Barthschen Christuslehre zu seinem ruhenden und schlaflosen Haupte ihm bedeuten mochte: Sehnsucht, gerade dort noch und noch einmal lernen und darin sich stärken und trösten lassen zu können für die letzten Schritte seines Lebens.

Dietrich Braun
Solidarität heißt Freiheit für den anderen

»Befreiung zur Solidarität« – unter diesem für ihn charakteristischen Titel hat Helmut Gollwitzer 1978 seine Berliner Abschiedsvorlesung in Buchform veröffentlicht. Wenn er von Solidarität sprach, so meinte er immer eine dreifache: die unbegreifliche, nie aufhörende Solidarität Gottes mit dem Menschen, die aus Dankbarkeit hierfür entspringende Solidarität des Menschen mit diesem menschenfreundlichen Gott und eben um seinetwillen auch die Solidarität mit der unter den Folgen ihrer Gottesfeindlichkeit leidenden Welt: »'Gott ist gnädig' heißt: Gott ist mit uns solidarisch. Und glauben heißt: solidarisch werden mit denen, mit denen Gott solidarisch ist, ein Bote der Solidarität Gottes zu den anderen hin, weil er mit uns nicht solidarisch ist, ohne mit dem neben uns solidarisch zu sein. Solidarität heißt Freiheit für den anderen, wie Gott frei ist für uns.«

Es gibt in der Tat kein anderes Wort, das für Helmut Gollwitzer bezeichnender wäre als dieses: In tiefer Solidarität lebte er mit seinen Mitgefangenen in Rußland in den Jahren 1945 bis 1949; früher als die meisten anderen erklärte er seine Solidarität mit den Juden, dem Judentum und dem Staat Israel; es war diese Haltung, die ihn Partei ergreifen ließ für die leidende Bevölkerung in Vietnam, der es aber auch zu verdanken ist, daß die aufbegehrenden Studenten 1968 auf ihn hörten, so daß die Unruhen nach dem Attentat auf Rudi Dutschke keine blutigen Zwischenfälle nach sich zogen. Aus Solidarität als »Freiheit für den anderen« hat Gollwitzer denn auch eine sozialistische Gesellschaftsordnung befürwortet und das solidarische Miteinanderleben von Menschen eher für geeignet gehalten, zu einem Gleichnis des Zusammenlebens im kommenden Reiche Gottes zu werden, als eine auf privatem Gewinnstreben beruhende kapitalistische Ordnung.

Unvergeßlich bleiben in diesem Zusammenhang aber auch die großen öffentlichen Stellungnahmen des Empfängers der Buber-Rosenzweig- und der Carl-von-Ossietzky-Medaille für die Menschenrechte und gegen das Wettrüsten und seine erklärte Solidarität mit allen, die sich auf der Höhe des Kalten Krieges mit ihm im Kampf gegen den tödlichen Wahnsinn engagierten.

Keine Frage: Wie umstritten auch immer, Helmut Gollwitzer war »einer der vielseitigsten und fruchtbarsten evangelischen Theologen in Deutschland seit der Zeit des ›Dritten Reiches‹«. Sein literarisches Werk umfaßt umfangreiche theologische und philosophische Monographien, Auslegungen biblischer Bücher und Predigtbände, zeitgeschichtliche Werke, politische und kirchenpolitische Schriften. Schon früh geriet der streitbare Theologe in Konflikt mit der Obrigkeit. Während der Nazi-Zeit schloß er sich der Bekennenden Kirche an und übernahm 1938 als Nachfolger Martin Niemöllers nach dessen Verhaftung die Dahlemer Evangelische Gemeinde.

Zwei Jahre später wurde er mit Redeverbot belegt, seines Amtes enthoben, aus Berlin ausgewiesen und wenig später zur Wehrmacht eingezogen. Nach den Jahren der Gefangenschaft in Rußland wirkte er zunächst auf dem Lehrstuhl für Systematische Theologie in Bonn und folgte 1957 einem Ruf an die Freie Universität Berlin. Als theologischer Lehrer, als Prediger an der Jesus-Christus-Kirche in Dahlem und nicht zuletzt als Seelsorger in den bewegten Jahren vor und nach 1968 verehrt und angegriffen, ist er aus der Geschichte von Theologie, Kirche und Gesellschaft der vergangenen Jahrzehnte nicht wegzudenken.

Wenn er für viele das Image eines politisierenden Theologen besaß, so übersahen sowohl rechte Kritiker wie linke Anhänger oft, daß sich Helmut Gollwitzer theologisch eher als einen mehr konservativen, an den zentralen Gehalten der biblischen Botschaft sich orientierenden Ausleger und Prediger und als einen um den Menschen bemühten Seelsorger verstand. Gerade deshalb fragte er unerbittlich nach den Konsequenzen der christlichen Verkündigung für Politik und Gesellschaft. Schüler Martin Luthers ebenso wie des Basler Theologen Karl Barth, hat ihn der zwischen beiden theologischen Schulen ausgetragene Grundlagenstreit in der Ethik besonders beschäftigt. Angesichts des komplementären Gefüges von lutherischer Zwei-Reiche-Lehre, deren

Vertreter bemüht sind, geistliches und weltliches Handeln in einer spannungsvollen Unterscheidung zu halten, und der Lehre Barths von der Königsherrschaft Christi, in der es darum geht, keine vom Evangelium unerreichten Eigengesetzlichkeiten entstehen zu lassen, lag für ihn der Akzent zweifellos auf der letzteren. Konkret ging es hierbei um die Lehren aus dem Kirchenkampf während des »Dritten Reiches« für die deutsche Politik und um die Erkenntnis des politischen Auftrags der christlichen Gemeinde.

Vor diesem Hintergrund sind die beiden Hauptanliegen des theologischen Wirkens Gollwitzers in der Nachkriegszeit zu verstehen: die Förderung des christlich-jüdischen Dialogs und seine Bemühung um das Verhältnis von Christentum und Sozialismus. Leidenschaftlich ist der Theologe seit dem Jahr der Reichspogromnacht für eine grundlegende Revision des traditionell verfehlten christlich-jüdischen Verhältnisses eingetreten. Seine damals am Bußtag 1938 gehaltene Dahlemer Predigt begann mit den Worten: »Wer kann denn jetzt noch predigen? Sollten wir nicht einfach stille sein und nur noch Gott um Vergebung für uns und unser Volk bitten?«

Als aufmerksamen Beobachter der Situation des Staates Israel bedrückten ihn jahrelang schlimme Befürchtungen einer neuen großen Zerstörung Israels – eine Gefahr, für die er die jüdische Rechte verantwortlich machte. Nun durfte er das beglückende Ereignis der beginnenden Versöhnung Israels und seiner arabischen Nachbarn noch erleben. Obwohl er aus seiner Option für eine sozialistische Gesellschaftsordnung nie ein Geheimnis gemacht hat, war er weit davon entfernt, das diktatorische Gesellschaftssystem des klassischen Marxismus in der ehemaligen Sowjetunion, wie er es in seiner mehrjährigen Kriegsgefangenschaft kennengelernt und mit Funktionären diskutiert hatte, als nachahmenswertes Beispiel zu empfehlen.

Was ihm vor Augen stand, war die relative Utopie einer gerechten und herrschaftsfreien Gesellschaft, eines engagierten Humanismus, einer radikaldemokratischen, sozialistischen Reformbewegung, die jedenfalls für ihn der real existierende Sozialismus nicht war und auch nicht sein wollte. In seinen späten Jahren hat sich Helmut Gollwitzer dann immer skeptischer geäußert: Das kapitalistische System zeige eine erstaunliche Überlebens- und Reformationsfähigkeit; eine sozialistische Zukunft sei zwar im

Blick auf die heutigen Weltprobleme das Nötigste, werde aber nicht kommen; die Art der Verwirklichung des Sozialismus habe diesen diskreditiert. Viele seien einst Kommunisten geworden, um nicht hoffnungsarme Nihilisten zu werden. Wie aber, wenn dieser Weg nun kein taugliches Mittel mehr ist? Und wie, wenn der Glaube an den Kapitalismus, an den sich das »Prinzip Hoffnung« statt dessen gehängt hat, ein noch folgenschwererer Irrglaube ist? Kann ein heutiger Mensch etwas anderes als Nihilist sein? Der Theologe Gollwitzer im Rückblick auf sein Leben: »Ich wollte darüber berichten, was nach meiner Erfahrung gegen den Nihilismus gefeit machen kann. Das kann das Evangelium.«

(in: taz, Berlin, 20. Oktober 1993)

Martin Stöhr

Mit Helmut Gollwitzer an der Erneuerung der Beziehungen zwischen Juden und Christen arbeiten

Zwischen Suppe und Hauptgang sagte am 80. Geburtstag Helmut Gollwitzers der Altbischof Kurt Scharf: »Ich verstehe gar nicht, wie man Atheist sein kann.« Theologie sei die »einzige Form der Vernunft«. Gollwitzer erwiderte, daß er in Stadt und Universität sich vorgenommen habe, »gegen die Theologieverachtung einzutreten. Ich verstehe sehr gut, wie man Atheist sein kann«.

Daß Judenhaß mitten in der christlichen Theologie und Kirche entstanden war und jeden Antisemitismus bis heute füttern kann, daß eine allzu obrigkeitsfromme Christenheit sich der biblischen Aufgabe einer sozialen Gerechtigkeit verweigert hatte, das waren ihm verständliche Gründe, atheistisch zu werden. Gollwitzer war aber nie bereit, sie als letztes Wort über die biblische Botschaft zu akzeptieren. Sie war ihm der Ursprung seiner Arbeit in einer lokalen und globalen Gerechtigkeits- und Befreiungsbewegung. Sie verbietet es jedem ökonomisch, politisch und an Vorurteilen reichen Mann, den armen Lazarus zynisch den Hunden und damit dem Lauf der Natur zu überlassen.

Helmut Gollwitzer wußte, was in der jüdischen Bibel und in dem von Juden geschriebenen Neuen Testament zu lernen war: »In der Talmud-Tora-Schule trafen wir uns und brachten uns aus der Bibel bei, wie man Recht und Unrecht und die das Unrecht besiegende Kraft wiederfindet.« So hatte der Widerstandskämpfer und Auschwitz-Überlebende Primo Levi den Lehrplan für die alltägliche und für die akademische Praxis der Nachwelt aufgestellt.

Helmut Gollwitzer war 1908 in Oberfranken geboren, »gut« national und lutherisch erzogen. Er studierte in Erlangen und Bonn, war Prinzenerzieher beim Prinzen Reuß in Österreich, promovierte bei Karl Barth über das »Herrenmahl«. Seit 1933 arbeitete er in der Bekennenden Kirche.

1937 wurde er durch die Gestapo aus Thüringen ausgewiesen, nachdem er dort zu tun begonnen hatte, was in Preußen Dietrich Bonhoeffer tat: die illegalen Vikare der Bekennenden Kirche auszubilden. 1937 wird er nicht durch die Kirchenleitung, wohl aber durch die Bekennende Gemeinde Nachfolger des inhaftierten Martin Niemöller. Konkrete Hilfe für sogenannte Judenchristen und für Juden gehört zu seiner Arbeit wie die Verbindung zum politischen Widerstand. Wie Niemöller ist er – noch Rudi Dutschke wird sich später wundern – in einer eindrucksvoll klaren, aber biblisch (und von der schönen Literatur!) geprägten Sprache der große Prediger der Bekennenden Kirche in Berlin. Jochen Klepper, mit dem er befreundet war, in dessen Haus er Eva Bildt, die »nichtarische« Tochter des Schauspielerehepaars Lotte und Paul Bildt kennenlernt, kreidet ihm die politischen Konkretionen seiner Predigten (»zu polemisch«) an. Er sucht Trost und geistliche Stärkung in der Katastrophe. Gollwitzer tröstet auch – aber nicht, ohne der geist- und trostlosen Gewalt, der auch seine Verlobte mit vielen anderen zum Opfer fallen sollte, zu widerstehen.

Unvergessen ist er als einer der ganz wenigen Prediger, die zur Zerstörung der jüdischen Gotteshäuser und Gemeinden 1938 nicht schwiegen: »Was muten wir Gott zu, wenn wir jetzt zu Ihm kommen? . . . so, als sei damit zu rechnen, daß Er noch da ist und nicht nur ein leerer Religionsbetrieb abläuft. Ekeln muß es Ihn doch vor unserer Dreistigkeit und Vermessenheit. Warum schweigen wir nicht wenigstens?« Er sah die »Dreistigkeit« der Christenheit im Service am »Altar der Gerechtigkeit der eigenen Nation« statt »am Altar der Gerechtigkeit Gottes«. Seine Liebe steht tapfer auf der Seite der Verfolgten und der biblischen Botschaft gegen die Machthaber und ihren Unterbau aus Anpassung. »Landesverräterisches Tun im geistlichen Gewand«, so schreibt das »Schwarze Corps« der SS. 1940 bekommt er Reise- und Redeverbot wegen »seiner volkszersetzenden Tätigkeit«. Er wird aus Berlin ausgewiesen. Mit Sonnenbrille (»so erkennt mich doch niemand«) fährt er auf dem Fahrrad durch Berlin, besucht Bedrängte und Untergetauchte. Militärs aus dem Widerstand retten ihn vor der Verhaftung durch Einberufung zur Wehrmacht (als Sanitäter).

Nach zehn Jahren Krieg und Gefangenschaft in Sibirien kehrt er zurück. »Und führen, wohin du nicht willst« ist das immer wieder lesenswerte Dokument seiner Auseinandersetzung mit Marxismus, Rußland und einem von Deutschland ausgehenden Krieg und Völkermord. Nach Gollwitzer hat der Sozialismus ein idealistisches Menschenbild, das er nur mit Gewalt durchsetzen kann. Für Gollwitzer aber stellt ein kritischer und demokratischer Sozialismus die Frage nach der Gerechtigkeit, die Frage des Krieges, die nach dem Gewaltverzicht. Sowohl als Wissenschaftler wie als politisch handelnder Mensch steht Gollwitzer für diese Aufgaben. Ihm zu begegnen und sich auf ihn einzulassen bedeutet, nach Carola Stern, für jeden eine Prüfung, der die Menschenrechte ernst nehmen will. Die christliche Vorgeschichte des Antisemitismus und Rassismus macht Erziehung und politische Verantwortung zur Pflicht für die Christen. Sie »müssen besonders sensibel sein«. Die »Revolution Gottes macht die Menschen selbst revolutionär und ungeduldig und macht ihnen die Welt, wie sie ist, unerträglich und läßt sie fragen, wie das Elend überwunden werden kann«.

1959 spricht er auf dem Münchener Kirchentag über »Israel und wir Deutsche«. Hier liegt der Anstoß, eine Arbeitsgemeinschaft Juden und Christen beim Kirchentag zu gründen: »Die Judenfrage ist eine Christenfrage und eine Deutschenfrage«, so erklärte er. Die Christen sind mit ihrer Theologie und Kirche »fragwürdig« geworden. »Im Zentrum« des christlichen Glaubens entstand mit mörderischen Folgen der Judenhaß. »Man kann Christ nur sein in unlösbarer Verbundenheit mit Israel... Wer Juden haßt, bricht mit dem Christentum.«

Die beiden »sehr gegensätzlichen Gehilfen« zur christlichen Erneuerung sind die »Erinnerung an das, was von deutscher Seite begangen worden ist ... und die neue Wirklichkeit des Staates Israel«. An diesen Parametern mißt sich die notwendige Erneuerung in den Beziehungen zwischen Juden und Christen. Es ist keine harmlose Aufgabe, »alles zu tun, was dem Aufbau und dem Frieden Israels und seiner arabischen Nachbarn dient«. Ernst Simon, Freund und Schüler Martin Bubers, einer der Gründer der israelischen Friedensbewegung, ist ihm ein kritischer Gesprächspartner.

Obwohl Gollwitzer schon als Student sich mit Martin Buber befaßte und er im Kirchenkampf wie wenige eindeutig auf seiten der Juden stand, war es für ihn ein schwieriger Weg, zum Beispiel eine »hohe« Christologie von jeder triumphalistischen Judenverachtung zu befreien. Seine Theologie war ein Nachdenken über die radikalen Konsequenzen, die die beiden »Gehilfen« der Christenheit und dem deutschen Volk abverlangen. Waren Kirche und Gesellschaft nicht vergiftet durch Einstellungen, die der 15jährige Helmut Gollwitzer 1923, Meldejunge in Lindau, am Rande des Hitler-Putsches vom November 1923, beschreibt? Das antijüdische Credo bündelt: »Ein Jude ist kein Deutscher und kann keiner sein; zwischen Deutschen und Juden besteht ein tiefer Wesensunterschied. Das Ideal der Juden ist der Händler, der unsere der Held. Es besteht ein tiefer Unterschied zwischen schaffendem Kapital und raffendem Kapital. Es gibt keine jüdischen Bauern, Arbeiter und Soldaten. Das Judentum hat keine produktiven Genies hervorgebracht, seine Begabung ist einseitig der kritische Verstand, denn es hat kein Gefühl für die deutschen Höchstwerte: Treue, Ehre, Führer und Gefolgschaft... Die Juden sind heimatlos und international, schuld an Marxismus und Dolchstoßlegende November 1918. Waren auch die Verfasser des Neuen Testaments alle Juden, so ist doch das Christentum dem Judentum fremd. Das Alte Testament gehört in der Kirche abgeschafft. Eine Jüdin heiratet man nicht. Mischlingskinder sind seelisch zerspalten.« 1960 erklärte Helmut Gollwitzer vor Studierenden der Freien Universität so seinen deutschen und christlichen Ausgangspunkt. Die Mehrheit des Volkes kommt von dort. Aber eine winzige Minderheit spricht wie Helmut Gollwitzer ehrlich zur nächsten Generation.

Wir Nachgeborenen können übernehmen, was zum Beispiel Gollwitzer sich und uns mühsam hat erarbeiten müssen. Viele verdanken ihm beispielsweise folgende Einsichten: In seiner ersten Bibelarbeit in der Arbeitsgemeinschaft 1961 wies er die christlichen Zuhörer erst einmal darauf hin, daß der auszulegende Psalm 139 »zuerst ein jüdisches Gebet« ist. Die Hebräische Bibel wird dem ersten und bleibenden Adressaten enteignet, wenn Christen sie Israel-vergessend sich aneignen. Gottes Bund mit Israel ist und bleibt ungekündigt.

Ich habe nie wieder einen akademischen Lehrer getroffen, der so gut zuhören und Kritik ernst nehmen konnte wie Gollwitzer. Welcher Bibelarbeiter des Kirchentages hat, nach heftigem Streit in der vorbereitenden Arbeitsgemeinschaft Juden und Christen (»Golli, so geht das aber nicht!«), sich hingesetzt und eine neue Bibelarbeit entworfen? Wer verkörperte so Liebe und zugleich

Entschiedenheit mit und gegenüber protestierenden Studenten, mit und gegenüber Ulrike Meinhoff, mit und gegenüber Politikern und Bischöfen?

Die Verbundenheit mit Israel befreit die Christenheit vom Absolutheitsanspruch. Das in der Dogmatik, seinem geliebten Metier, durchzuhalten, fiel ihm schwerer, als die unbiblische Praxis zu beenden, aus der Verachtung der Hebräischen Bibel den christlichen Glauben jenseitssüchtig und nur individualistisch zu entwerfen oder die eigene Identität durch Herabwürdigung anderer zu gewinnen.

Heinrich Böll schrieb ihm zum 75. Geburtstag:

Namenlosen
den Namen geben
Zahlreichen
Einer sein
einzig wahren Gebrauch
von Ruch und Ruhm
den Namen tragen
den wir nicht nennen.

Die Nacht wird nicht ewig dauern.
Es wird nicht finster bleiben.
Die Tage, von denen wir sagen,
sie gefallen uns nicht,
werden nicht die letzten Tage sein.
Wir schauen durch sie hindurch
vorwärts auf ein Licht,
zu dem wir jetzt schon gehören
und das uns nicht loslassen wird.
Das ist unser Bekenntnis.

Helmut Gollwitzer

Volkmar Deile
Die Nacht wird nicht ewig dauern

Als Helmut Gollwitzer am 17. Oktober 1993 starb, konnte man es in Kurznachrufen, Artikelüber- und Bildunterschriften wieder lesen: Ein »streitbarer Theologe« sei gestorben, einer der »zornigen alten Männer« von uns gegangen. Diese Klischees sind, vergleicht man das kleine Moment der Wahrheit mit dem Übergewicht der Unwahrheit in ihnen, einfach falsch. Mit dieser Art von Beurteilung will eine unkritische Öffentlichkeit einen Unbequemen für immer ablegen. Und das ist nicht hinnehmbar.

Theologische Existenz

Helmut Gollwitzer war kein »zorniger alter Mann«. Es gibt eine klare Kontinuität der Fortentwicklung seiner theologischen und politischen Positionen aus der Lehr- und Bewährungszeit der Bekennenden Kirche, und die Qualifikationen »zornig« und »streitbar« sind Blödsinn. Natürlich war er weder angepaßt noch langweilig, er wurde kein Hoftheologe oder – wie einige andere Theologen – Bundesgelegenheitsschätzer. Und natürlich konnte er polemisch sein. Aber es war immer – wie ich es bei Friedrich-Wilhelm Marquardt formuliert fand – eine Polemik aus Liebe zu den Menschen. Es war Ausdruck dessen, was bei vielen anderen, die Christen sind oder sich so nennen, schmerzlich vermißt wird: theologische Existenz. Wenn ich einen Menschen kenne, auf den diese Aussage paßt, dann ist es Helmut Gollwitzer. Genau diese habe ich bei ihm gelernt. Ob das nun in der Kirchlichen Hochschule oder der Freien Universität in den sechziger Jahren war, ob es seine Dispute mit Herbert Braun, Dorothee Sölle oder Wilhelm Weischedel waren, ob es in der Gemeinsamkeit der Aktion Sühnezeichen/Friedensdienste, in der Friedensbewegung oder vor dem

Raketendepot Mutlangen war, ob es in der Arbeitsgemeinschaft Juden und Christen des Kirchentages war, ob in seiner Ehe mit Brigitte oder einfach unter Freunden, Geschwistern und Genossen bei ihm zu Hause: Ich glaube, die Klammer für das Leben Helmut Gollwitzers ist immer »theologische Existenz« gewesen. Dabei trug er dies nicht vor sich her wie ein Asket das Banner seines Hungers. Nein, der Glaube an das schon gekommene und das noch zu erwartende, noch auf uns zukommende Reich Gottes war in ihm so real, daß es manchen von uns wirklich angesteckt hat. Er strahlte gelebtes wie noch zu erwartendes Leben aus, er kritisierte die Dunkelheit in dem Wissen um und dem Glauben an Licht, er war gleichzeitig Utopist und Realist, er riskierte sich selbst, wenn es um etwas ging. Und er vermittelte dennoch keine Ruhelosigkeit, Nervosität und Hektik. Vielmehr genoß er das Leben. Dafür kann man Brigitte und ihm, seinen Freunden und Gott nur Dank sagen. Ein Dank also an Helmut und dann Absage? Nein, das geht nicht.

Für die Menschenrechte und den Sozialismus

Ich habe mir nach seinem Tod seine »Ausgewählten Werke in zehn Bänden« wieder vorgenommen und darin gelesen. Und ich kann nur sagen: So sehr sein Leben und Zusammenleben mit Brigitte unwiederbringlich Erinnerung werden, so richtig ist es, sein theologisches und politisches Denken, Schreiben und Handeln, das sich stets auf außerordentlich hohem intellektuellem Niveau bewegt, ohne dabei die eindeutige biblische Verwurzelung zu verlieren, und das klare Aussagen macht, nicht der Vergangenheit zuzurechnen. Dies wäre jetzt auf der ganzen Breite seiner umfassenden Anliegen zu zeigen, was hier nicht möglich ist. Ich kann dies nur für den Bereich tun, in dem ich selbst seit einigen Jahren arbeite, dem der Menschenrechte.

Wohl aus seinem Zeugnis während der Nazi-Zeit und seinem Erleben des Stalinismus in russischer Gefangenschaft nach dem Kriege rührt sein genuines Bemühen um die Realisierung der Menschenrechte in ihrem umfassenden und unteilbaren Charakter als politische, bürgerliche, soziale und wirtschaftliche Rechte. Die theoretische Bearbeitung des Themas 1979 liegt *nach* seinem berühmten, von Adolf Grimme übernommenen, und sorgfältig begründeten »Ein Christ muß Sozialist sein«. So viel Helmut Gollwitzer vom Humanismus des jungen Marx hielt, so sehr konnte er ihn in der Frage der Menschenrechte kritisieren: »Schon Marx hatte aber mit seiner … Antithese die Dialektik der Individualrechte übersehen: Sie dienen nicht nur dem bourgeoisen Interesse (wie Marx behauptet, V. D.), sondern der Begrenzung jedweder Herrschaft von Menschen über Menschen; sie behalten also ihre Wichtigkeit auch für die sozialistische Phase vor der kommunistischen, vor dem tatsächlichen Absterben auch des sozialistischen Staates – ganz abgesehen von der Frage, ob die kommunistische Phase je erreicht werden wird und ob in ihr die Spannung zwischen Individuum und Gemeinschaft, zwischen Individualinteressen und Gattungsinteressen zur Gänze aufgehoben wird und ob eine solche Aufhebung überhaupt zu wünschen ist.« Davon ausgehend kritisiert er am vergangenen »real existierenden Sozialismus«, daß dieser die Herrschaftsmethoden nicht wirklich geändert habe, sondern vielmehr nur die »Herrschaftssubjekte ausgewechselt« habe: »Die Verwirklichung der individuellen und der sozialen Menschenrechte sind nicht voneinander zu trennen.« Grundlage der Kritik ist dabei das theologische »Schon« und »Noch nicht« der Eschatologie. Der »utopische wie der realistische Gehalt der Menschenrechtsproblematik ist gleichermaßen festzuhalten«, schreibt Gollwitzer und betont, daß man sich vor zwei »Versuchungen« zu hüten habe:

»entweder dem Realismus die Vision zu opfern (denn dann bleibt nicht etwa realistischer Pragmatismus übrig, sondern kurzsichtige Vogel-Strauß-Politik oder ein Zynismus, der eine Verzweiflungstat des Pessimismus ist) – oder der Vision wegen die kleinen Schritte und Kämpfe um die oft kaum sichtbaren Annäherungen ans Ziel samt ihren Kompromissen und häufigen Rückschlägen zu scheuen (denn in der Alles-oder-nichts-Politik des konzessionslosen Revolutionärs wird dem optimistischen Aufschwung, mit dem sie beginnt, allzu rasch der schwarze Pessimismus folgen und der Zynismus dazu, weil um der totalen Menschenrechte morgen willen die Rechte der heutigen Menschen ignoriert werden)«.

Ich weiß nicht, wer's von wem hat, aber diese Aufforderung, weder den Realismus der Vision noch die Vision dem Realismus zu opfern, ist ganz nahe der berühmten Aussage Gustav Heine manns, das Ziel nicht aus dem Auge zu verlieren, damit man die kleinen Schritte in die richtige Richtung macht. Gollwitzer kannte also die Dialektik Realismus und Utopie oder Vision, von Reform und Revolution, und ich behaupte, er hat sie so nach den zwei Seiten hin gesagt, die das *und* durch ein *oder* ersetzt haben, weil er eine theologische Existenz lebte. Von hier aus hat er (ebenfalls 1979) seinen leider kaum beachteten Aufsatz »Sowjetkritik und Antikommunismus« geschrieben. Dieser Aufsatz ist es wert, auch nach der »Wende« in den ost- und mitteleuropäischen Staaten, der leider die entsprechende Wende im Westen bisher nicht gefolgt ist, gelesen zu werden. Weil er zu der viele beschäftigenden Frage Antworten bereithält, wie eigentlich das Verhältnis von Kontinuität und Bruch nach dem Ende des Ost-West-Konfliktes, nach Perestroika, »Wende« und mehr oder weniger oder zum Teil auch gar nicht gelingender Übernahme des westlichen Gesellschaftsmodells durch Mittel- und Osteuropa zu bestimmen sei in bezug auf die Frage, was ist noch gültig von Kapitalismuskritik und sozialistischer Option. Über einige Punkte aus diesem Aufsatz würde ich gerne jetzt noch einmal mit Helmut Gollwitzer diskutieren, nämlich über die Frage, ob und wie die »Fähigkeit zur Kooperation mit Kommunisten« genau zu gestalten sei, um der Intention des Antikommunismus entgegenzuwirken. Oder über die Frage, was denn Vergesellschaftung der Produktionsmittel genau sei. Seine sozialistische Option hatte aber keine Verdrängung der notwendigen Kritik am Sowjetsystem zur Folge. Vielmehr sagte er: »Das Üble an der antikommunistischen Propaganda sind die hinter ihr stehenden Intentionen und Interessen, nicht ihr Mangel an wahren Elementen.« Von hier aus kritisiert Gollwitzer »Deportation und Zwangsarbeiterlager«, die Umfunktionierung des Marxismus »aus einer kritischen – also auch selbstkritisch anzuwendenden – Methode zur Staatsreligion«. Er bezeichnet das Auseinanderreißen von Sozialismus und Demokratie als »Katastrophe für die sozialistische Bewegung« und kritisiert im Detail das Rechtssystem der »sozialistischen« Staaten, die Rolle von Geheimdienst und Polizei, den brutalen Strafvollzug, die manipulative Informationssteuerung, die Fehlentscheidungen in Wirtschaft, Innen- und Außenpolitik, die Unterdrückung kultureller Freiheit und das »antiquierte Dogma der Unvereinbarkeit von Religion und Wissenschaft«.

Die hellsichtige und klare »Sowjetkritik« Helmut Gollwitzers ist dennoch niemals Antikommunismus. Vielmehr werden die Grundlagen der »Sowjetkritik«, das Ziel einer sozialistischen Gesellschaft, die anders ist als der vorfindliche reale Sozialismus, kritisch auch gegen den Kapitalismus gewendet. Dieser müsse überwunden werden auf das Ziel einer Gesellschaft hin, in der Privilegien abgeschafft und die maximal mögliche Form von persönlicher und sozialer Partizipation und Mitbestimmung verwirklicht werden.

An dieser Definition kann ich aufgrund der heutigen Situation von Mensch und Natur aber auch gar nichts Veraltetes finden. Sie gilt auch nach der »Wende« und dem Ende des Kalten Krieges. Diese Feststellung läßt sich im Gollwitzerschen Denken durchaus weiter aktuell ausformulieren. Sozialismus ist für ihn eine

»Gesellschaft, die ihren ungleich begabten Gliedern Gleichberechtigung gibt und jedem Glied die Chance ganzer Lebensentfaltung, in der die Starken den Schwachen helfen, in der die Produktion im Dienste aller steht, in der das Sozialprodukt nicht von einer privilegierten Minderheit abgeschöpft wird, so daß den anderen nur der bescheidene Rest zur Verfügung steht, in der geeignete Regelungen die Freiheit und die gesellschaftliche Mitbestimmung aller sichern. (...) Das Ziel ist eine sozialistische, klassenlose Gesellschaft. Hinsichtlich dieser Zielvorstellung, die zugleich das Kriterium für die Kritik jeder bestehenden Gesellschaft gibt, läßt der Wille des Vaters dem Jünger keine Wahl. Er muß Sozialist sein.«

Gollwitzers Verständnis von Sozialismus, der nicht ohne Demokratie und Menschenrechte sein kann, ist mit der »Wende« nicht im Orkus vergangener gesellschaftlicher Utopien versunken. Er ist unverändert aktuell und durch Gollwitzers Positionen zur Friedensthematik vor der Gewaltversuchung geschützt. Er ist auch durch das, was er über Ökologie und die »Bewahrung der Schöpfung« gedacht und geschrieben hat, vor rein industriell begründetem Fortschrittsoptimismus gesichert. Und die »kapitalistische Revolution« macht ihn nötig.

Wenn es die Möglichkeit gäbe, jetzt mit ihm darüber zu reden, ob das umfassende Verständnis von Menschenrechten als politische und bürgerliche, soziale, wirtschaftliche und kulturelle Rechte und deren Realisierung nicht so etwas sein könnte wie das, was er Sozialismus nannte – ich würde das Gespräch liebend gerne führen. Der vergangene »real existierende Sozialismus« hat fälschlicherweise behauptet, er sei die »Internationale, die das Menschenrecht erkämpft«. Richtig bleibt aber: Diese Internationale ist weiterhin notwendig – vielleicht dringender denn je, verstanden und konkretisiert ganz im Sinne der Gollwitzerschen »Forderung der Freiheit«.

Aber was wünsche ich mir, darüber mit ihm zu reden. Wahrscheinlich würde er sagen: Jetzt tut doch mal selbst etwas. Laßt euch doch hinführen, wohin ihr nicht wollt! Das Reich Gottes ist eine schon existierende und auf uns zukommende Realität. Rechnet damit in eurer theologischen Existenz. Die Nacht wird nicht ewig dauern, hat er gebetet. Und er hat es gelebt.

Alle Zitate sind aus den Aufsätzen:

Muß ein Christ Sozialist sein?, in: »Forderungen der Umkehr«, München 1976, S. 162–178

Sowjetkritik und Antikommunismus, in: »Das Argument 21«, 1979, Nr. 113, S. 82 bis 93

Der Kampf für die Menschenrechte – heute noch zeitgemäß?, in: »Freiheit und Gleichheit. Streitschrift für Demokratie und Menschenrechte«, Sensbachtal 1979, H. 1, S. 13–23

Reinhard Tietz
Ökumene lernen

Es war die Londoner »Times«, die am 21. Oktober 1993 einen vier
Spalten langen Nachruf auf Helmut Gollwitzer brachte: »Ger-
many has produced a crop of politically awkward, straight-talking
priests who were determined to defend civil rights and stick up for
persecuted minorities.« Sie nennt Heinrich Albertz, Kurt Scharf
und dann »perhaps the most radical of all, Helmut Gollwitzer«.
Sie faßt zusammen: »The passion of his life was his fight for the
individual against the authoritarian state.«

Immerhin, die »Times«! Bei unserem Abschiednehmen von
Helmut Gollwitzer sah es ja so aus, als sei er eine innerdeutsche
Angelegenheit gewesen, vielleicht eben ein deutscher »Internatio-
nalist«. Ja, er war unverwechselbar »deutsch«, bayerisch. Aber er
war ein Deutscher, der sein Leben lang gelernt hat, umgelernt und
weitergelernt hat. So hat er auch etappenweise gelernt, in
Deutschland zu Hause zu sein und gleichzeitig in einem Mensch-
heits- und Welthorizont zu leben. Und beim immer wieder neuen
Hinhören, Hinsehen, Nachfragen, Weiterdiskutieren, Weiterden-
ken ist er dann auch für das Ausland eine brüderlich-kritische
Stimme aus Deutschland, für die Ökumene ein großer Lehrer
geworden. Die »Times« hat es besser gemerkt als wir. Wenn es richtig ist, daß wir gegenwärtig dabei sind, die Angelegenheiten der
Welt wieder zu »renationalisieren«, primär auf uns Deutsche zu
beziehen, wird es guttun, Helmut Gollwitzer nicht auch zu »natio-
nalisieren«, sondern auf seine ökumenischen Lernprozesse zu
achten, weiterzulernen. Darum will ich, so gut ich es kann, an einige Stationen erinnern.

Man muß vorausschicken, daß Gollwitzers Studium bei Karl
Barth, in Bonn, Basel, ihn schon in den dreißiger Jahren in Verbindung gebracht hatte mit – damals jungen – Theologen und künfti-
gen Kirchenleuten außerhalb Deutschlands, vor allem in der

Schweiz, in Frankreich, in den Niederlanden, in England. Die »Träger« der westeuropäischen ökumenischen Bewegung waren ihm nicht unbekannt, als er 1950 aus der Sowjetunion nach Westdeutschland, Westeuropa zurückkehrte. Sie alle hatten versucht, unter den Bedingungen der Kriegs- und Okkupationszeit und der Nachkriegszeit, auf Karl Barths Ruf zur »Theologischen Existenz heute!« ihre Antwort zu geben. Das verband sie über die westeuropäischen Grenzen hinweg.

Als Helmut Gollwitzer im Herbst 1951 seine ehemalige Konfirmandin Brigitte Freudenberg, 14 Jahre jünger als er, heiratete, heiratete er eine Frau, die mit ihrer Familie von den Nazis aus Deutschland vertrieben worden und die von Genf aus, wo ihr Vater ökumenische Hilfe für Menschen im Exil organisierte, eine Grenzgängerin im wörtlichen Sinn geworden war. Anstöße zum Lernen kamen für Helmut Gollwitzer selten aus Büchern, selten aus dem Kopf, fast immer von Menschen, am meisten von und über und mit Brigitte – mit Brigitte auch am innerlichsten und grundsätzlichsten: verschiedensein nicht als Hindernis oder Verhinderung, sondern als Grund zur Freude aneinander entdecken und damit als geschenkte Herausforderung, gemeinsame Wege zu suchen und zu finden. Helmut Gollwitzers Ökumenizität nährte sich ganz wesentlich aus dieser besonderen Gemeinschaft mit Brigitte Gollwitzer. Durch sie, die nicht nur väterlicherseits aus einer badischen Industriellenfamilie stammte, sondern mütterlicherseits auch jüdische Vorfahren hatte, wurde ihm, dem Christen, Israel und das Nebeneinander von Juden und Christen zur zentralen Lebensfrage, zum schwierigen Grundmodell für ökumenische Existenz. Und weil sie, viel selbstverständlicher als er, ein tätig lebender Mensch war, war dafür gesorgt, daß sein Ökumene-Lernen immer stärker bedeutete: Ökumene praktizieren; Worte und Begriffe dafür und ökumenisches Denken, das kam später und war in Lebenspraxis verankert.

Das Jahr 1958 brachte Gollwitzer zum erstenmal nach der Kriegsgefangenschaft über die Grenzen Westeuropas hinaus. Zunächst, im Frühjahr, zum erstenmal im Leben nach Israel. Danach, im Juni, in die Tschechoslowakei (wo 1945 seine russische Gefangenschaft begonnen hatte), nach Prag, sozusagen mitgenommen von seinem früheren Bonner Kollegen und Freund Hans Joachim Iwand, zur 1. Christlichen Friedenskonferenz. Die

126

Christliche Friedenskonferenz war in der Zeit des Kalten Krieges, der sehr wohl ja auch in einen grauenhaften Heißen Krieg umschlagen konnte, der Versuch, die Kirchen der Erde zusammenzubringen, damit sie als »das Gewissen der Welt« die Völker aus ihrem atomaren Sicherheitswahn wachrütteln und ihnen Wege zum Frieden zeigen. Die ökumenische Bewegung (damals noch ohne die orthodoxen Kirchen), vor allem der Weltrat der Kirchen in Genf, waren eher westlich dominiert, zerrissen und in dieser Sache gelähmt. Die Christliche Friedenskonferenz war keine Ersatz-Ökumene; aber sie brachte Vertreter fast aller Kirchen in den sozialistischen Ländern zusammen mit Christen aus dem Westen (bald auch aus der Dritten Welt). Der Anstoß ging aus von den Professoren der protestantischen Theologischen Fakultäten in der Tschechoslowakei. Will man Namen nennen, so muß man sagen, daß es die Begegnung zwischen Josef L. Hromádka und Hans Joachim Iwand, die »Versöhnung« zwischen diesem tschechischen und diesem deutschen Christen, gewesen ist, ihre tiefe theologische und menschliche Freundschaft, die es möglich gemacht hat, daß dieser Brückenschlag zwischen Ost und West zustande kam und lebensfähig wurde, daß er bis 1968 – trotz aller intensiven Versuche – nicht von östlichen Regierungen und ihren Handlangern vereinnahmt werden konnte.

Gollwitzer fuhr zögerlich nach Prag. Da waren seine Erfahrungen mit dem Kommunismus, die er nicht überspielen konnte, und seine besorgte Frage, ob die Christen dort wirklich ihre eigene Sache sagen könnten. Zurückhaltend war er auch, von Barth herkommend, wo Hromádka und Iwand dicht beieinander waren in ihrer Art, über die Geschichte Mitteleuropas zwischen Ost und West philosophisch-theologisch zu reflektieren und nach dem prophetischen Zeugnis der Kirchen in dieser besonderen geschichtlichen Situation zu rufen. Aber, im Unterschied zu Barth: Gollwitzer fuhr nach Prag, und er war dabei, beobachtend, mitdiskutierend.

Erst ein Jahr später, 1959, war er bereit, eines der Hauptreferate auf der 2. Christlichen Friedenskonferenz zu übernehmen: »Krieg und Christentum«. Seit 1956/57 war – mit der Ankündigung der atomaren Bewaffnung der westdeutschen Bundeswehr – für ihn die Frage zum Thema geworden, ob Christen sich, wenn nicht an der Durchführung, so doch an der Vorbereitung eines Atomkrieges beteiligen dürften. Um eine öffentliche Antwort zu geben, hatte er auf die klassische theologische Lehre vom »gerechten Krieg« und auf ihre Kriterien, wann er denn ungerecht und die Beteiligung für Christen unerträglich sei, zurückgegriffen; von daher war er (in seinem Bonner Hochschulvortrag am 23. Juli 1957) zu einem eindeutigen Nein im Hinblick auf die Atomaufrüstung gekommen, einem Nein, das unter westlichen Christen und Kirchen provozierend und auch polarisierend wirkte – was nicht unbeabsichtigt war. Die konkrete rüstungspolitische Situation, Fragen von Militärs, Politikern, Physikern, Theologen hatten ihm sein neues theologisches Thema diktiert, und zwar zunächst sehr begrenzt und situationsbezogen. Damit war aber klar, daß er sich auch der sehr viel umfassenderen Grundsatzfrage nach »Krieg und Christentum« nicht entziehen konnte. Im April 1959 trug er in Prag – wenn ich richtig sehe – zum erstenmal im Zusammenhang vor, was er bis dahin weitergelernt hatte.

Man war gespannt, was er sagen würde – Persona non grata war er im Ostblock ja trotz und wegen seines Bonner Vortrags von 1957 durchaus nicht. Trotz des großen Beifalls war es, als säße er zwischen allen Stühlen. Enttäuscht waren zunächst einmal alle prinzipiellen Pazifisten, die ein theologisch begründetes Nein aus der Barth-Ecke zu jedem Krieg erwartet hatten. Enttäuscht waren aber auch die, die sich einen mitreißenden, geschliffen formulierten, dramatischen Friedensappell versprochen hatten. Was er aber geleistet hatte – das wirkte sich erst mit der Zeit in der Christlichen Friedenskonferenz aus –, das war (auf eine sehr gründliche deutsche, lutherische, sachlich argumentierende Manier), daß er seine Zuhörer hineinnahm in sein eigenes Fragen: 1. nach der vielschichtigen Geschichte, wie Kirchen und Christen sich 1900 Jahre hindurch im Krieg und zum Krieg verhalten hatten, 2. welche Weisungen die Reich-Gottes-Botschaft (und nicht unterschiedliche theologische Traditionen der Kirche) dem christlichen Denken auf den Weg gibt, wenn es um das Leben der Christen in einer Welt geht, die immer wieder mit Krieg beschäftigt ist, 3. was denn heute Aufgaben der Kirchen sind. Das bedeutet: Nicht »Krieg und Frieden« war sein Thema, sondern die Frage nach dem Zeugnis der Christen vom Reich Gottes angesichts gegenwärtiger und drohender Kriege. Diesen Vortrag hätte Gollwitzer auch ganz woanders halten können. Daß er zu einer ökumenischen Konferenz in

Prag redete, wird, oberflächlich, nirgends hörbar. Aber, gerade indem er keine Differenzierungen unter den versammelten Christen andeutet, nimmt er sie ernst als eine Gemeinschaft von Jüngern und Jüngerinnen Jesu, unter denen es keine wichtigen Unterschiede gibt. Sie alle sind eine Gemeinschaft, die um des Friedens der Welt willen miteinander zu hören und zu lernen, zu reden und tätig zu werden haben.

Ein Jahr später, auf der 3. Christlichen Friedenskonferenz 1960, hat er dann noch einmal ein Hauptreferat in Prag gehalten, diesmal konzentriert auf den »Friedensbeitrag der Christen«: mit einer – für viele: viel zu – breit angelegten Meditation über den Frieden, der von Gott kommt; mit einer Skizze der gegenwärtigen politischen Situation, mit sechs Hinweisen, was wir Christen heute zur Erhaltung des Friedens tun sollten, innerkirchlich, zwischen den Kirchen und Machtblöcken und angesichts der vielen Gelegenheiten im individuellen Leben. Daß er »the individual« mitmeinte und nicht nur kirchliche und politische Apparate: Für viele lag er damit auch diesmal »neben der Rille«. Für andere wurde damit das Reden der Christlichen Friedenskonferenz überhaupt erst erträglich und sinnvoll, vor allem für viele Christen in der ČSSR, die auf Umwegen erfuhren, was er gesagt hatte. Sie merkten: Er hatte sie nicht vergessen, auch wenn er sie nicht direkt erwähnt hatte.

Mit großer Gespanntheit hat er in den folgenden Jahren verfolgt, wie in der Tschechoslowakei ein vorher nicht vorstellbarer Dialog zwischen Christen und Marxisten in Gang kam, wie er dazu beitrug, Ansätze für einen »Sozialismus mit einem menschlichen Gesicht« zu erarbeiten und den »Prager Frühling« vorzubereiten. Er lernte, von jenseits der deutschen Grenzen, eine neue Hoffnung. Als sie 1968 scheiterte, war nicht der Sozialismus für ihn diskreditiert, wohl aber »der in hierarchischen Befehlssystemen steckengebliebene Sozialismus«. Er hat damals mitgeweint mit seinen tschechischen Freunden.

Uns jüngeren Westeuropäern damals in der Jugendkommission der Christlichen Friedenskonferenz (1961 und 1964) war in den gemeinsamen Diskussionen mit anderen jungen Christen aus dem Osten und aus Nord- und Südamerika zum erstenmal etwas aufgegangen vom »Klassencharakter« unserer Gesellschaften, von ökonomischen Machtstrukturen, die Frieden verhinderten und uns die Frage nach Revolution als Vorbedingung für Frieden stellen ließen (zum Entsetzen mancher östlicher Teilnehmer, die sofort fürchteten – nicht völlig zu Unrecht –, uns könnte womöglich auch die Frage nach einer notwendigen neuen »Revolution« im sozialistischen Lager in den Sinn kommen). Helmut Gollwitzer hat uns, wenn wir versuchten, mit ihm über die ökonomischen Machtstrukturen in den westlichen Gesellschaften zu sprechen, kaum verstanden und das fast abgewehrt. Er hatte vermutlich die Sorge, es könne dann nicht mehr ernsthaft von Verantwortlichkeit und Schuld der Menschen, von der Menschen verwandelnden Kraft der Botschaft vom Reich Gottes und von den praktischen Handlungsmöglichkeiten der Christen und der Kirchen gesprochen werden. Aber ihm waren eben auch Erfahrungen mit Wirtschaft und Industrie, ihren Interessen und ihrer Macht sehr fremd. Von »Mächten« und anonymen Herrschaftsstrukturen zu sprechen bedeutete womöglich, für den Christen doch entmachtete Mächte des Bösen wieder zu inthronisieren.

Dann lud der Ökumenische Rat der Kirchen ihn ein zur Teilnahme an der Weltkonferenz »Kirche und Gesellschaft« 1966 in Genf. Die längst greifbaren globalen politischen, gesellschaftlichen und wirtschaftlichen Veränderungen (Ende des Kolonialismus, Indochina- und Vietnamkrieg, Algerienkrieg, Entwicklungsländer-Problematik, Rassenkämpfe in den USA, Ost-West-Konflikt, Atomkriegsgefahr) verlangten von der Ökumene eine neue Standortbestimmung und neue sozialethisch fundierte Handlungsperspektiven. Gollwitzer beteiligte sich an der Vorbereitung charakteristischerweise mit »einigen Leitsätzen zur christlichen Beteiligung am politischen Leben«, einer Zusammenfassung und Aktualisierung dessen, worum er in der Bundesrepublik seit über zehn Jahren gerungen hatte: daß die Christen erkennen müßten, daß das Evangelium sich auf alle Lebensbereiche der Menschen, auch auf ihre politische Existenz bezieht und daß sie also vor allem die lutherische Zwei-Reiche-Lehre des 19. Jahrhundert, die es erlaubte, »die Welt« ihren eigenen Gesetzen zu überlassen, nicht länger als Richtschnur praktizieren konnten. Nun adressierte er diese Einsicht über Deutschland hinaus an alle Christen und Kirchen in der Ökumene, die wie der Großteil der deutschen Protestanten eingefangen waren in traditionelle Entpolitisierungen des Evangeliums und den politischen Verantwortungsträgern nicht in ihre Geschäftsbereiche hineinredeten. Er wußte zwar, daß dies anderswo in der Ökumene noch nie oder längst nicht mehr das sozialethische Zentralthema war, aber die beflügelnde neue Erfahrung der 14 Tage von Genf war, dann mitzuerleben, wie viele Christen, Laien noch mehr als Theologen, wie viele Gemeinden schon viel, viel weiter waren in ihrer öffentlichen Lebenspraxis und in ihrem theologischen Nachdenken. Angesichts der Stimmen aus Lateinamerika zum Beispiel waren die »alten« Kontroversen der deutschen Theologen provinzielle Rückzugsgefechte. Dies Erleben war für Gollwitzers weiteren Weg wichtiger als das, was er selber öffentlich beitrug. Dies war ein Diskussionsvotum in der Sektion III (»Strukturen internationaler Zusammenarbeit – friedliches Zusammenleben in einer pluralistischen Weltgesellschaft«), nachdem Max Kohnstamm (Niederlande) Leitsätze vorgetragen hatte, die darauf abzielten, Gewalt und Krieg den Boden zu entziehen durch radikale Veränderungen der internationalen sozialen Unrechtsstrukturen; alles andere hielt er für »idealistisches« Reden und Denken. Gollwitzer stimmte im wesentlichen zu, störte aber dann den Diskussionsfrieden, indem er begann, nach der »Selbstverpflichtung der Kirche in ihrem eigensten Tun«, in ihrer Verkündigung und Lehre, ihrer eigenen öffentlichen Praxis zu fragen. Ohne diese Frage zu erörtern, wäre auch Kohnstamms Programm für die Kirche »idealistisch« geblieben; es hätte die eigene Praxis unverändert lassen können.

Dann im Juli 1968 die 4. Vollversammlung des Ökumenischen Rates der Kirchen in Uppsala (Motto: »Siehe, ich mache alles neu«). In den zwei Jahren, die seit der Genfer Konferenz vergangen waren, hatte sich Helmut Gollwitzers Berliner Welt, in der er lebte, völlig verändert. Was bisher Sache relativ kleiner engagierter Gruppierungen war (Vietnamkrieg, Ausbeutung der Dritten Welt, »Revolution«, »Klassenkampf«), war seit der Anti-Schah-Demonstration und dem tödlichen Schuß eines Polizisten auf den Studenten Benno Ohnesorg am 2. Juni 1967 zur allgemeinen öffentlichen Herausforderung auf den West-Berliner und westdeutschen Straßen, in den Hörsälen, bei Partei- und Gewerkschaftszusammenkünften wie in den Gemeinden, Kirchen und kirchlichen Veranstaltungen geworden. Und das tägliche Leben und Arbeiten von Brigitte und Helmut Gollwitzer war in atemberaubender Weise umgekrempelt worden. Gollwitzer war einer der wenigen Menschen in Deutschland, dem die Studenten mit allem kommen und dem sie vertrauen konnten (übrigens auch Politiker wie der damalige Bundesjustizminister Gustav W. Heinemann). Er war selber Teil der Erneuerungsbewegung geworden, die von den Studenten ausging, und sein Mitreflektieren und Mitreden war Teil seiner praktischen (wenn auch nie unkritischen) Solidarität, war nirgends theoretisches, theologisches »Räsonnieren« von außerhalb. So war er nun in Uppsala 1968 zwar ebenso wie zwei Jahre zuvor in Genf ein großer Frager, Zuhörer und Mitdenker, aber nun doch ganz anders, nämlich als einer, der aus der eigenen täglichen Lebenspraxis heraus und für seine Lebenspraxis in Hochschule, Kirche und Politik wissen wollte, was seine Brüder und Schwestern anderswo – in den USA, in Frankreich, in den Niederlanden, in Lateinamerika – taten, ausprobierten, sagten, wie sie es machten und wie sich das auswirkte in ihrer theologischen Existenz. Und er war für seine ökumenischen Gesprächspartner ein anderer geworden – immer noch ein Lehrer, aber einer, wie sie ihn aus Deutschland kaum kannten: einer, der mit Christen und Nichtchristen auf die Straße ging; einer, der begriffen hatte, daß Frieden ohne Gerechtigkeit nicht zu haben ist; einer, der dabei war, zu lernen, die Bundesrepublik mit den Augen der Dritten Welt, der Ausgebeuteten zu sehen, die Gedanken der Leidenden dort mitzudenken und ihre Gefühle mitzufühlen. Erst jetzt war er wirklich einer, dem sie auch in der Dritten Welt vertrauen konnten.

Was er gelernt hatte und weiterlernte, schlug sich rasch auch geschrieben nieder: in seinem großen Referat vor der EKD-Synode im Herbst 1968, die sich mit Uppsala und seinen Konsequenzen für die Kirchen in Deutschland beschäftigte (»Die Weltverantwortung der Kirche in einem revolutionären Zeitalter«); »Die reichen Christen und der arme Lazarus« 1968; »Die Revolution des Reiches Gottes und die Gesellschaft« 1969; »Die kapitalistische Revolution« 1973.

Was sich nicht änderte, war, daß er die »Reich-Gottes-Botschaft« für alle weitersagen wollte, und zwar durchaus in den drei oder vier abgestuften konzentrischen Verantwortungsbereichen für »den Nächsten«, wie er sie früher skizziert hatte: zunächst im individuellen Lebens- und Arbeitsbereich, dann in der eigenen Kirche und im eigenen Land, schließlich auch weltweit in Kirche und Politik (es war ihm durchaus nicht jeder und alles sofort »der Nächste«!). Aber es war ihm nun klargeworden, daß die »Reich-Gottes-Botschaft« den »Armen« nicht einfach dasselbe sagte wie den »Reichen«, daß sie wichtige und praktische Unterschiede machte, daß sie in jeder Hinsicht, »äußerlich« wie »innerlich«, eine revolutionäre, eine zukunftsgerichtete Botschaft sei. Was ihn dabei von vielen seiner Weggenossen unterschied, war die Tatsache, daß jeder merken konnte (ob es einem paßte oder nicht): Es ging Gollwitzer nicht um Zukunftsprogramme oder Revolutionen »an sich«, sondern immer um den konkreten, einzelnen Menschen in seiner lebensgefährlichen Verführbarkeit zu Aggression und Resignation, um seine Befreiung zur Hoffnung. Das belegen seine jahrelangen Äußerungen zum Thema »Gewalt«. Das war Thema seiner Predigten, seiner Seelsorge. Das war auch der Kern seines Fasziniertseins von dem revolutionären Prozeß in Nicaragua seit 1977: daß hier eine Revolution versucht wurde, die den Machtwechsel und den gesellschaftlichen Umbau in ihrem Ansatz und oft auch in der Tagespraxis verband mit einem »demütigen Respekt« vor den Menschen, die die Freiheit erst lernen mußten. Er wäre (wie er selbst einmal angemerkt hat), wenn er in einem sozialistischen Staat gelebt hätte, dort sicher ein noch unbequemerer Zeitgenosse gewesen, als er es in seinem kapitalistischen Land war. Das wußte man auch in der Ökumene: Aus diesem Grund war er nie wirklich zu manipulieren.

Zum Schluß zwei kleine Begebenheiten, die mir haften geblieben sind – auch weil sie für Helmut Gollwitzers innerer Ökumenizität auf besondere Weise charakteristisch sind.

Vom 29. November bis 3. Dezember 1982 waren Brigitte und Helmut Gollwitzer und ich nach Jahren zum erstenmal wieder in Prag. Nach dem großen Fest zu seinem 70. Geburtstag 1978 hatte man meines Wissens in der Comenius-Fakultät dort auf die Frage, was Gollwitzer und seine Freunde bei diesem Fest denn zu der Frage nach den heutigen politischen Aufgaben der Christen gesagt hätten, merkwürdigerweise berichtet, das sei kein wichtiges oder höchstens ein allgemeines, jedenfalls für die Christen in der ČSSR uninteressantes Thema gewesen. Das war Wasser auf die Mühlen der Fakultätsmitglieder, die seit 1968 und seit dem Tod Josef L. Hromádkas Äußerungen und Gespräche zu diesem Thema für unangebracht oder sinnlos hielten, so daß es ein öffentliches Reden der theologischen Lehrer kaum gab. Besonders bedrückt davon war Jaroslav N. Ondra (Direktor des Ökumenischen Instituts und abgehalfterter früherer Generalsekretär der Christlichen Friedenskonferenz). Er hatte Gollwitzer eingeladen zu einem Gespräch mit den Mitgliedern der Fakultät. Er sei der einzige in der Ökumene, dem noch alle Kollegen zuhören könnten.

Mehrere Tage hindurch genossen wir die Stadt und die Freundschaft einiger Professoren. Gollwitzer wurde immer ratloser, was er sagen, wie er was sagen könne – wo er doch in einer ganz anderen Welt lebe. In dieser Ratlosigkeit waren Respekt, Solidarität und Trauer beieinander. Als wir dann im Sitzungszimmer der Fakultät zusammensaßen, begann er mit zwei ganz einfachen Sätzen:

»1. Ich habe in meinem Professorenleben gelernt, wie wichtig es ist, daß aus meinem Lehrstuhl nicht ein Leer-Stuhl wird – daß man mich also auch aus dem Hörsaal oder Seminar heraustragen könnte, ohne daß es auffällt.

2. Die größte Sorge in meinem Beruf ist, daß ich aus dem Evangelium eine Angelegenheit machen könnte, die folgenlos bleibt, folgenlos für die Menschen, für die Welt, für die Kirche.«

Die anschließende Diskussion war mühsam; Gollwitzer war an Wunden gestoßen, die wehtaten; aber er gab seinen Gesprächspartnern Freiheit, selber weiterzudenken. Egal, wo er war in der Welt: Er hörte nie auf, Seelsorger und Freund zu sein.

Wir hatten Ernesto Cardenal bei uns zu Gast im Herbst 1985. Helmut und Brigitte Gollwitzer hatten ihn schon lange einmal wiedersehen wollen. So kam es zu einem gemeinsamen Vormittag im Hause Scharf: Gollwitzers, Albertz, Scharfs und wir. Es gab eine längere Debatte über die Gewaltfrage und noch mehr über Formulierungen, in denen Ernesto Cardenal Revolution und Reich Gottes gleichsetzte. Gollwitzer war heftig engagiert und ganz kritisch, besorgt um beides, die Revolution – weil menschliche Praxis dann womöglich eine göttliche Dignität bekommen und unmenschlich werden könne – und das Reich Gottes – weil es aufhören könnte, dann noch eine kritische Instanz und Hoffnung gegenüber menschlichen Revolutionen zu sein. Heinrich Albertz sagte am Schluß ganz beeindruckt von Cardenals großer Utopie: »Und davon muß man nun wieder ein ganzes Jahr zehren! Da kommt einer, ein Minister einer marxistischen Regierung, und der predigt einem das Reich Gottes!«

Vorher aber hatte Helmut Gollwitzer Cardenal gefragt, ob er nicht eines seiner neueren Gedichte lesen könnte. Er las dann »Lichter«, ein Gedicht, in dem er einen heimlichen Nachtflug über Nicaragua beschreibt, kurz vor dem Sieg der sandinistischen Revolution 1977, mit den Zeilen:

Die Sterne über uns, und die Winzigkeit dieser Erde,
aber auch die Größe der Erde,
die Größe dieser
winzigen Lichter des Menschen.

Helmut Gollwitzer erinnerte sich an Cardenals Nachdichtung des 8. Psalms (»Was ist der Mensch, daß du seiner gedenkst...? Du hast ihn nur wenig niedriger gemacht als Gott...«) und sagte: »Wie kommt es nur, Ernesto? Fast alle reden vom Himmel, um die Erde kleinzumachen, und von den Sternen, um die Menschen zu erniedrigen. Du redest vom Himmel und den Sternen, um die Menschen groß zu machen!« Helmut Gollwitzer war glücklich, einen Freund gefunden zu haben, der vom Himmel und von den Menschen so dachte wie er selber. Und die »Times« hat wohl mehr Recht, als sie ahnte, als sie die Leidenschaft seines Lebens als »fight for the individual« bezeichnete. Das hatte er aus der Bibel gelernt, zusammen mit vielen Freundinnen und Freunden in der ganzen Welt.

Nicht ins Endlose
wälzt sich der Strom
der Weltgeschichte,
dieser Strom
von Blut und Tränen,
von Morden
und Gemordetwerden.
Der Sieg der Liebe
wird diesem schrecklichen Strom
ein Ende bereiten –
ein Ende,
in dem Gott
abwischen wird
alle Tränen
von allen Augen,
ein Ende,
in dem der Tod
abgetan sein wird
und Gottes Liebe sein wird
alles in allem.

Helmut Gollwitzer

Chris Lange / Jonas Weiß-Lange
Naivität zerbricht

Yet, most strangely, and from deeps not before discovered, his
faith looked up; before the wickedness that he saw, the wicked-
ness from which he fled, he yet beheld like a flaming standard
in the middle of the air, that power of redemption to which her
must, till death, bear witness.

James Baldwin, Go Tell It on the Mountain

Vor etwas mehr als vier Jahren begegnete Helmut Gollwitzer län-
geren Ausführungen eines Gemeindegliedes zu allerlei widerstän-
digen Aktionen der Bekennenden Kirche lakonisch mit den Worten: »Je größer der Abstand, desto größer die Abenteuer.«

Nachstehende Erinnerungen gelten einem Abenteuer, das uns
zeitlich wesentlich näherliegt und das angesichts zunehmender
Häßlichkeit seiner Bedingungen an Bedeutung zunimmt: Wir
sprechen von Rassismus und dem Mut, den es kostet, sich eigener
Verstrickung so bewußt zu werden, daß eine Chance zur Heilung
dieser Seuche in Sicht kommt, kurz: dem Mut, sich selbst radikal
in Frage stellen zu lassen und bislang unentdecktes Gelände zu
betreten.

Helmut Gollwitzer hat diesen Mut aufgebracht und konnte
anderen Hilfestellung zur eigenen Arbeit geben; in grenzüber-
schreitender und weltbewußter – im Wortsinn: Ökumenischer
Theologie.

In den Jahren 1982/83 waren wir in den USA, zum Studium
und zur Arbeit in New York. Im Alltag an der Grenze zu Harlem,
im akademischen Umfeld von Union Theological Seminary und
Columbia University und bei der Arbeit mit »emotional gestör-
ten« Kindern mußten wir lernen, was uns *so* jedenfalls vorher
nicht bewußt war: *Daß* wir weiß sind und uns als weißer Frau und
weißem Mann ein genau festgelegter Platz in der weitergehenden

Unterdrückungsgeschichte gegenüber Menschen aus Afrika zukommt – ob wir das wollten oder nicht und selbst bei bestem Willen und größter »politischer Korrektheit« – das war so und schmerzte.

Du stehst unter einem Bann, der nicht zu brechen ist, der dich bewegungslos macht zu Zeiten und fremd, dir selbst.

Wenn für die »Rangordnung und »Lösung« von Problemen schon unter vier- bis sechsjährigen afroamerikanischen Kindern Schattierungen der Hautfarbe den Ausschlag gaben. Sie kamen alle aus mehr oder weniger zerstörten Familienverhältnissen, zerstört durch die sozialen und psychischen Auswirkungen des Rassismus; dagegen waren ihre »Verhaltensauffälligkeiten« durchaus gesunde Reaktionen, die ihnen halfen, zu überleben. Erschreckend: In allem gefühlsmäßigen Durcheinander hatten sie eine sichere Lektion verinnerlicht: Wer die hellere Hautfarbe hat, der oder die ist überlegen, hat das Sagen.

»Es zerbricht die Naivität, mit der sie bisher ihr … Denken und den Traditionszusammenhang, in dem es geschieht, als an alle Menschen gleichermaßen adressiert, für alle gleichermaßen gültig, zugänglich und tauglich angesehen hatte.«

Wenn in einem Seminar zu »Black Theology« das Thema Gewalt von Weißen gegen schwarze Frauen, Männer und Kinder an eine Grenze führt, die weiter zu reden den Anwesenden unmöglich macht. Nach längerem Schweigen – unterbrochen durch Weinen – bat der afroamerikanische Kirchengeschichtler James Washington, sich die Hände zu reichen und begann ein langes, gleich zorniges wie tröstliches Gebet zu sprechen.

»Er sieht sich samt der Welt, zu der er gehört, plötzlich von außen, von einer ganz anderen Gruppe mit einem ganz anderen Schicksal her, und muß sich fragen, inwieweit seine Theologie und ihre Tradition vielleicht nur Ausdruck seiner Welt, einer Welt der herrschenden Rasse gewesen ist.«

Du stehst unter einem Bann, der schwer zu brechen ist, der dich bewegungslos macht zu Zeiten und fremd, dir selbst. Mehr als ein-

138

mal: das Erleben der Aussichtslosigkeit, den Bann zu brechen; deshalb, weil es so wenig Vorbilder gibt, die jene »Kraft der Erlösung« bezeugen.

Einem Lichtschein (mit Baldwins Worten: a flaming standard in the middle of the air) kam die Entdeckung eines brillanten Artikels gleich, der uns vor Augen führte, wie die eigene Tradition nur im Bruch, biblisch gesprochen: in der Umkehr, bewahrt werden kann. Unter dem Titel: »Why Black Theology?« begegnete uns diese Arbeit Helmut Gollwitzers als eine der wenigen weißen Stimmen im repräsentativen Sammelband »Black Theology: A Documentary History«, 1966–1979 von Gayraud S. Wilmore und James H. Cone.

Es ist die Radikalität, mit der sich Helmut Gollwitzer in den einleitenden Sätzen Rechenschaft gibt, die ihn als einen der wenigen weißen, europäischen Theologen überhaupt, zum Gesprächspartner auch der prominentesten, weil kämpferischsten Vertreter Schwarzer Theologie werden ließ.

Was für eine Entdeckung! Es gibt einen weißen Theologen, noch dazu aus unserem Land, der ernst genommen wird...

Das gab den Mut, die bisher »fraglose Solidarität« zur eigenen Welt zu lösen und »in Solidarität mit jener anderen Welt« einzutreten. Dafür sind wir Helmut Gollwitzer dankbar. Jene »Metanoia« freilich, die er »einschneidender wohl in den bisherigen Lebensstil« nennt, »als das, was er meist als Metanoia sich und anderen verdeutlicht hat«, spricht noch ganz andere persönliche Erfahrungen an; sie ist exemplarisch im wörtlichen Sinn. Und hätten wir Protestanten so etwas wie den Beichtspiegel im katholischen Gesangbuch, dem Gotteslob, der folgende Abschnitt müßte darin einen prominenten Platz bekommen:

»Schwarze Theologie«, sich abgrenzend von einer »weißen« – das gibt es, weil es Kolonialismus und Sklavenhandel gegeben hat und weil dies nicht ein Thema des historischen Rückblicks ist, sondern durch seine Nachwirkungen unsere heutige Realität bestimmt. Wer zur »weißen Theologie« gehört, hat spätestens, wenn ihm die »schwarze Theologie« gegenübertritt, allen Anlaß, sich über die spezifische historische und gesellschaftliche Bedingtheit seiner Theologie, seines Verständnisses der christlichen Botschaft klarzuwerden.

Hatte er diese Bedingtheit bisher auch nicht geleugnet, da er sich der Geschichtlichkeit seines Denkens schon länger bewußt gewesen war, so bekommt sie nun – durch die negative Charakterisierung, die sie seitens der »schwarzen Theologie« erfährt – eine erschreckende Bedeutung. Ideologiekritik als Selbstkritik wird jetzt nicht nur von ihm als Individuum gefordert, sondern die Tradition, in der er steht und die er weiterzuentwickeln sich bemüht, wird als Ganze in Frage gestellt, und dies nicht nur in jener programmatischen Weise, wie Traditionskritik unter dem Schriftprinzip schon immer zum Wesen der von der Reformation herkommenden Theologie gehörte, sondern durch die Absage, die seine Welt, die Welt des weißen Mannes, insgesamt von einem anderen Teil der Menschheit her trifft, und zwar als eine theologische, im Namen des Evangeliums formulierte Absage. Als Angehöriger seiner Welt erscheint er hier unter einem Bann, der nicht einzelne theologische Aussagen falsch macht, sondern das Gesamt von Kirche und Theologie verfälscht, und den er nur brechen kann, wenn er sich aus der bisher fraglosen Solidarität zu seiner Welt löst und in Solidarität mit jener anderen Welt eintritt, indem er also »schwarz« wird. Das ist die konkrete Gestalt der Metanoia, zu der er sich hier aufgefordert sieht, einschneidender wohl in seine bisherige Lebensführung als das, was er meist als Metanoia sich und anderen verdeutlicht hat.

Mag ihn dabei auch trösten, daß der Wortführer der schwarzen Theologie, James H. Cone, selbst dankbar auf Belehrungen, die er durch weiße Theologen erhalten hat, zurückgreift, so daß also jene Absage nicht pauschal alles für verfälscht und unbrauchbar erklärt, was weiße Theologie im Laufe der Jahrhunderte hervorgebracht hat – und mag dies eine ähnliche Wichtigkeit haben wie evangeliumsgemäße Stimmen in der früheren Kirche, auf die Luther zu verweisen pflegte, um die Frage, wo denn unter dem Papsttum die eine, heilige, christliche Kirche gewesen sei, zu beantworten –, an dem Ernst und der Fragwürdigkeit seiner Situation und seiner Tradition, die ihm durch jene Absage aufgedeckt wird, ändert sich damit nichts und nichts also auch an der Dringlichkeit der Aufforderung, nicht nur seine geschichtliche

Bedingtheit im allgemeinen, sondern deren verfälschenden Einfluß auf seine christliche Existenz und auf sein Denken scharf ins Auge zu fassen. Es zerbricht die Naivität, mit der er bisher sein theologisches Denken und den Traditionszusammenhang, in dem es geschieht, als an alle Menschen gleichermaßen adressiert, für alle gleichermaßen gültig, zugänglich und tauglich angesehen hatte. Er sieht sich samt der Welt, zu der er gehört, plötzlich von außen, von einer ganz anderen Gruppe mit einem ganz anderen Schicksal her, und muß sich fragen, inwieweit seine Theologie und ihre Tradition vielleicht nur Ausdruck seiner Welt, einer Welt der herrschenden Rasse, gewesen ist. Inwieweit sie mehr ist, müßte sich daran zeigen, daß sie ihn herausruft aus dem fraglosen Zusammenhang mit seiner Welt, daß sie ihn in einen kritischen Gegensatz zu ihr bringt.

(Aus: Evangelische Theologie, Januar/Februar 1974, S. 43 f.)

Vermächtnis und Ermutigung

Landesbischof Prof. Dr. Klaus Engelhardt
EKD-Ratsvorsitzender
Gollwitzer gab wichtige Impulse

Impulse für das Sozial- und Friedensengagement der Kirche gehen nach Auffassung des Ratsvorsitzenden der Evangelischen Kirche in Deutschland, Klaus Engelhardt, von der Arbeit des verstorbenen Theologen Professor Helmut Gollwitzer aus. In einem epd-Interview äußerte sich Bischof Engelhardt in Bad Herrenalb auch zur Streitkultur in Kirche und Gesellschaft. Die Fragen stellte epd-Redakteur Hans-Peter Scheibel.

*

epd: Herr Landesbischof, Sie haben im Namen des Rates der EKD Helmut Gollwitzers theologisches und politisches Engagemant gewürdigt und ihn auch als »unbequem und streitbar« apostrophiert. Sind diese beiden Eigenschaften in der Evangelischen Kirche derzeit ausreichend repräsentiert?

Engelhardt: Es wird mir manchmal zu viel gestritten in der Evangelischen Kirche. Es gibt zu viele streitbare Leute, die nur im eigenen Interesse streiten. Hier besteht kein Bedarf in der Evangelischen Kirche. Bei Gollwitzer habe ich das anders erlebt. Trotz der Heftigkeit seines Streitens war deutlich, wie stark er dabei an der Bibel orientiert blieb. Von Streitkultur wird gerne gesprochen. Für uns Evangelische muß es ein Streiten sein, das von den großen Verheißungen Gottes für unsere Welt nicht loskommt. Das war bei Gollwitzer der Fall.

Gollwitzer wurde oft vorgehalten, er habe durch seine »Einmischung« in die Politik seinen Auftrag als Theologe vernachlässigt. Wie sehen Sie das Problem?

Dieser Vorwurf ist völlig unverständlich. Er hat sich in die Politik eingemischt, weil er es nicht losgeworden ist, Theologe zu sein. Auch dort, wo ihm widersprochen wird, kann nicht in Abrede gestellt werden, daß ihn in seinem politischen Zeugnis der Auftrag der Kirche umgetrieben hat, so wie er ihn verstand. Wir dürfen unbequeme oder zum Widerspruch reizende Leute nicht dadurch abqualifizieren, daß wir erklären, mit Kirche und Theologie habe das nichts zu tun.

Nach dem Zusammenbruch des Ostblocks wird Sozialismus vielfach als Gesellschaftsform bewertet, die sich selbst ad absurdum geführt habe. Besteht die Gefahr, daß Bemühungen um größtmögliche Gerechtigkeit, die sich für Gollwitzer aus dem Evangelium ableiten, vernachlässigt werden?

Ja, die Gefahr besteht, daß zu viele Gruppen und Einzelinteressen zur Entsolidarisierung beitragen. Wichtig an der Idee des Sozialismus war für Gollwitzer das Eintreten für die Entrechteten. Dabei machte er aufmerksam auf Unrechtssituationen, die man in der Normalität unseres Lebenszuschnitts gar nicht wahrgenommen hat. Was ihn von der Idee des Sozialismus nicht loskommen ließ, war die Frage: Wer kommt unter die Räder?

Die Friedensbewegung, wesentlich aus kirchlichen Kreisen gespeist, ist relativ still geworden. Gollwitzer galt damals als eine Galionsfigur. Was ist angesichts neuer politischer Weichenstellungen in Sachen Militärpolitik Gollwitzers Vermächtnis?

Es wird heute auch in kirchlichen Kreisen gern von »Ultima ratio« (letztes Mittel) militärischer Einsätze gesprochen. Da ist etwas Richtiges dran. Allein, wer »Ultima ratio« sagt, hat nur dann ein Recht dazu, wenn er mit aller Leidenschaft und Deutlichkeit gedacht und gesagt hat, was einem solchen Einsatz an nicht-militärischem, politischem Bemühen vorausgehen muß. Da sehe ich den Auftrag der Kirche, und das hat Gollwitzer uns eingeschärft.

Gollwitzer hat immer wieder Partei für die Opfer ergriffen, etwa beim Holocaust oder Hiroshima. Wie schreibt die Evangelische Kirche diese Linie fort?

Dietrich Bonhoeffer hat einmal davon gesprochen, daß wir den »Blick von unten« aus der Perspektive der Beargwöhnten, der Unter-die-Räder-Gekommenen, der Beschuldigten, der Übersehenen gewinnen. Das fällt uns in unserer »christlichen Normalsituation« unheimlich schwer. Man kann gegen diese Normalsituation loswettern, aber viele blockiert das nur. Gollwitzer hat nicht nur angeklagt, sondern – da sehe ich seine Besonderheit – er hat vom Evangelium ausgehend sensibel gemacht. Er besaß selbst eine eindringliche Sensibilität, die ihre Überzeugungskraft aus der biblischen Botschaft gewann.

Als unbefangen, spontan, ungeniert tendenziell galt Gollwitzer. Kann sich die Kirche ein solches Auftreten heute noch leisten?

Die Kirche braucht solche Menschen. Gollwitzer war vor allem von einer umwerfenden Menschlichkeit. Die kam nicht von ungefähr. Da lebte er aus seinem Glauben. Er hat einmal gesagt: Wir sind geliebter, als wir wissen.

(in: epd-Information, Nr. 43, 31. Oktober 1993)

Jürgen Treulieb
Erinnerung an Helmut Gollwitzer

Freitag, den 15. Oktober 1993, kam ich abends zu Helmut Gollwitzer in die Nebingerstraße, um mit ihm das Wochenende zu verbringen. Nach dem Abendbrot saßen wir bei einem Glas Wein zusammen. Er interessierte sich für meine Arbeit bei Wolfgang Ullmann vom Bündnis 90/Die Grünen im Bundestag, freute sich sehr darüber, daß wir uns ausgezeichnet verstehen, und meinte: »Dann werde ich den ja demnächst mal kennenlernen.«

Am nächsten Tag ließ er sich, was er in den letzten Monaten besonders mochte, das Frühstück ans Bett bringen, um erst danach aufzustehen. (Er pflegte dann zu sagen: »Ich fühle mich wie ein englischer Lord.«) Da wunderbares Herbstwetter war, beschlossen wir am späten Vormittag, mit dem Auto in die Mark Brandenburg zu fahren. Gemeinsam mit meiner Schwester Pucki fuhren wir nach Petzow am Schwielowsee (südwestlich von Potsdam). Während der Fahrt sagte er immer wieder, wie schön doch dieser Herbsttag sei und wie herrlich die Umgebung von Berlin, in die man seit dem Fall der Mauer so einfach fahren könne. Am Schwielowsee gingen wir ein wenig in einem Park mit riesigen alten Bäumen spazieren und anschließend in einem kleinen Schloß am See essen. Durch das Fenster hatten wir einen schönen Ausblick auf den See. Helmut Gollwitzer bestellte sich Havelzander und trank Wein. Zu meiner Schwester gewandt sagte er: »Pucki, weißt Du eigentlich, daß ich aus einer Blaukreuzler-Familie stamme, dafür bin ich doch ein ganz schön begnadeter Weintrinker geworden«, und sang dann (nach der Melodie der englischen Nationalhymne) ein Lied, das er bei der Blaukreuzler-Jugend immer gesungen habe: »Wir fühlen uns so wohl ohne den Alkohol – ohne Alkohol...« Es drehten sich die Leute im Restaurant um, die wohl dachten, daß er über den Durst getrunken habe. Er prostete ihnen freundlich zu.

Auf der Rückfahrt kauften wir frisches Obst und Gemüse bei Havelbauern ein, die am Wegesrand Stände aufgebaut hatten. Er freute sich sehr und wiederholte immer wieder, wie schön doch der Tag und die Landschaft der Mark Brandenburg sei.

Als wir in die Nebingerstraße kamen, war es schon dunkel. Nach dem Abendbrot saßen wir noch über zwei Stunden bei einem Glas Wein zusammen. Er ging dann bald schlafen, weil er von dem Ausflug erschöpft war.

Am nächsten Vormittag nahm er sein Frühstück wieder im Bett zu sich und fragte, ob ich das Auto, das ich von einem Freund geliehen hatte, noch habe. Das Wetter war ebenso herrlich wie am Samstag, und Helmut Gollwitzer machte den Vorschlag, wir sollten doch das tolle Wetter zu einem nochmaligen Ausflug in die Mark Brandenburg nutzen. Ich erklärte mich gern dazu bereit und fragte, ob er seine zweite Tasse Milchkaffee im Bett oder unten in der Küche trinken wolle. Er sagte: »Nein, die trink ich mit dir in der Küche, ich gehe mich aber noch rasieren.« Als er nach der Rasur vom Badezimmer zur Küche gehen wollte, ist er dann auf der Treppe tot zusammengebrochen. Ich stand wenige Meter entfernt.

Ich war ziemlich fassungslos und erschrocken, daß er mir gleichsam unter den Händen weggestorben ist. Erst in den folgenden Tagen begriff ich, daß es ein gnädiger Tod für ihn war und für mich eine große Beruhigung, in dieser Situation bei ihm gewesen zu sein.

Was mich an Helmut Gollwitzer immer sehr beeindruckt hat, war seine Radikalität, Redlichkeit und Unabhängigkeit als Intellektueller. Er hat sich nicht nur als Theologe zu den Problemen von christlichem Glauben und christlicher Existenz in heutigen gesellschaftlichen Zusammenhängen geäußert, sondern er hat immer darauf bestanden, als Intellektueller Stellung zu beziehen, sich in politische Kontroversen einzumischen.

Ich weiß nicht, ob man sagen kann, sein Glaube hat ihm die Richtung gewiesen. Ich würde es eher so ausdrücken: Sein Glaube war die Grundlage, von der aus er sein politisches Handeln selbst bestimmte.

Hitlers Machtübernahme und die Erfahrungen der Auseinandersetzung der Bekennenden Kirche mit dem Faschismus haben ihn für sein Leben geprägt. Da hat Helmut Gollwitzer in schwierigen Zeiten den aufrechten Gang praktiziert, den er ein Leben lang durchgehalten hat.

In der sowjetischen Kriegsgefangenschaft wurde seine intellektuelle Unabhängigkeit auf eine besondere Probe gestellt. Obwohl Hitler-Gegner von Beginn der Nazi-Herrschaft an, ist er auf die Angebote der Sowjets, im »Nationalkomitee Freies Deutschland« mitzuarbeiten, nicht eingegangen. Er beteiligte sich innerhalb des Lagerlebens an der Aufarbeitung des Faschismus, ließ sich aber nicht für die offizielle Sowjetpropaganda instrumentalisieren.

Als Helmut Gollwitzer in der zweiten Hälfte der fünfziger Jahre die Folterungen der französischen Armee an Angehörigen der algerischen Widerstandbewegung FNL in scharfer Form angriff und ihm entgegengehalten wurde, wir Deutschen hätten nach den Verbrechen der Nazi-Herrschaft nicht das moralische Recht, eine der Siegermächte über den Hitler-Faschismus zu kritisieren, antwortete er selbstbewußt: Gerade als Deutscher, der die Greueltaten der Nazis erlebt und überlebt habe, nehme er sich nicht nur das Recht, sondern habe er geradezu die Pflicht, Menschenrechtsverletzungen, wo immer sie vorkommen, anzuprangern. Deutsche Schuld aus der Nazi-Zeit hat viele Deutsche nach dem Krieg gehemmt, sich frei zu äußern; für Helmut Gollwitzer war diese Schuld eine Verpflichtung, die ihn zu solchen Stellungnahmen trieb.

Als Willy Brandt während der amerikanischen Aggression gegen Vietnam diese Argumente benutzte (»Wir Deutschen haben nicht das Recht...«) antwortete ihm einer – ich erinnere mich nicht mehr genau, ob es Helmut Gollwitzer oder ein anderer Kritiker der amerikanischen Politik in Vietnam war –, das könne Willy Brandt ja Kiesinger (dem damaligen Bundeskanzler) erzählen, aber nicht uns.

In diesen Jahren entwickelte Helmut Gollwitzer ein Selbstverständnis als Intellektueller, das eher an die französischen Existentialisten erinnerte als an einen deutschen Professor.

Nach dem Attentat auf Rudi Dutschke am Gründonnerstag 1968 fanden während der sogenannten Osterunruhen heftige und zum Teil gewalttätige Auseinandersetzungen zwischen den Demonstranten und der Polizei statt. In Berlin kam es am Ostersonntag 1968 zu einer Massenverhaftung in der Fasanenstraße, bei der über hundert Menschen festgenommen wurden. Diese verfassungswidrige Aktion des Berliner Senats löste große Empörung in der demokratischen Öffentlichkeit der Stadt und ungeheure Wut bei Tausenden von Demonstranten aus.

Als am Ostermontag die zum Teil in Polizeikasernen untergebrachten Festgenommenen endlich freigelassen wurden, holten Demonstranten sie dort ab. Vor der Polizeikaserne kam es zu gewalttätigen Übergriffen von Polizeibeamten gegen die Wartenden. Auf einem Teach-in in der Technischen Universität Berlin wurde diskutiert, ob wir uns gegen die Gewaltanwendung der Polizei auch gewalttätig zur Wehr setzen sollten. In der hitzigen, sehr erregten und kontroversen Debatte zeichnete sich ein Trend zur notfalls auch gewalttätigen Gegenwehr ab.

Kurz vor Mitternacht ergriff Helmut Gollwitzer das Wort, der gerade erst wenige Stunden zuvor von einem mehrmonatigen USA-Aufenthalt nach Berlin zurückgekehrt war. Er hielt uns vor, welche Aktionsformen wir in den vergangenen Monaten durchgeführt hatten. Es seien Steine gegen Filialen der Springer-Presse geschmettert und Türen der Philosophischen Fakultät eingetreten worden. Wie immer man diese Aktionen im einzelnen beurteile, so sei doch sehr auffällig, daß wir vor einem Schritt immer zurückgewichen seien: der Gewaltanwendung gegen Menschen. Und er möchte uns den Rat geben, bei dieser sehr wesentlichen Unterscheidung zu bleiben. Bischof Scharf und Heinrich Albertz äußerten sich in ähnlicher Weise. Von den Hunderten Berliner Professoren, die uns sonst stets zu belehren wußten, waren nur wenige anwesend, ganz zu schweigen von den politisch Verantwortlichen der Stadt.

Bei uns war die Verunsicherung groß. Wenn man häufig das wehrlose Opfer von Gewalt ist, ist die Versuchung, zurückzuschlagen, groß. Daß unsere Neigung zur Gewaltanwendung an diesem Abend gestoppt wurde, war neben unseren eigenen Problematisierungen sehr stark der Einfluß von Gollwitzers Redebeitrag.

Anfang November 1969 kam es bei einer Demonstration gegen die Berliner Justiz zu schweren und zum Teil gewalttätigen Auseinandersetzungen zwischen Demonstranten und Polizei. Im Berlin-Jargon: die Schlacht am Tegeler Weg. Das erste Mal seit den Auseinandersetzungen zwischen Demonstranten und Polizei gab es mehr verletzte Polizisten als Demonstranten. Bei einer Diskus-

152

sion im Audimax in der FU wurde von Vertretern des Sozialistischen Deutschen Studentenbundes (SDS), dem ich damals angehörte, die Aktion als ein großer Erfolg bezeichnet. Andere Diskussionsteilnehmer und Vertreter anderer Studentenverbände kritisierten die Billigung von Gewalt und meinten, abgesehen von der moralischen Problematik isoliere uns eine solche Politik von den Teilen der Bevölkerung, die unseren politischen Zielvorstellungen nahestünden.

Helmut Gollwitzer ergriff in der Auseinandersetzung an dem Abend im Audimax der FU das Wort. Sehr erregt hielt er den Gewaltbefürwortern vor, daß nur für Faschisten die Gewalt kein Problem sei. Für Christen wie für Sozialisten aber gelte, daß sie nicht eine Situation heraufbeschwören dürften, die Menschenleben gefährde. Auch fördere die Bereitschaft zur Gewalt die Brutalität der Polizei, was aus menschlichen, aus demokratischen und aus politisch-strategischen Gründen abzulehnen sei. »Wer will, daß die studentische Bewegung zerschlagen wird und innerlich zerfällt, der soll weiter solche Aktionen machen.«

1977 – nach der Ermordung des Generalbundesanwalts Buback durch Terroristen der RAF – veröffentlichte Helmut Gollwitzer in der Zeitschrift »links« vom »Sozialistischen Büro« eine Stellungnahme »Gegen falsche Solidarisierung«, in der es heißt: »Es muß zwar Kritik an diesen Rechtswidrigkeiten (gemeint sind die Haftbedingungen) – und zwar um des Rechtsstaates willen, an dessen grundlegenden Prinzipien die sozialistische Bewegung sehr interessiert ist – weitergehen, es darf daraus aber keine Solidarisierung mit den von diesen Rechtswidrigkeiten Betroffenen folgen.« Und: »Die drei Stammheimer Gefangenen sind auf politischem Wege zu ihrer irrigen Strategie gekommen. Meine Achtung ihrer Person und ihres Kampfes ums Überleben ist trotz der Kritik unvermindert. Sie kann sich nur darin ausdrücken, daß wir sie nicht zu Objekten unseres Mitleids machen, sondern sie als verantwortliche Subjekte ansprechen. Darum haben sie jetzt von uns vor allem anderen dies zu hören: Schluß mit der blödsinnigen Parole ›Den Widerstand bewaffnen!‹«

Ich kann mich nicht erinnern, daß ein anderer Zeitgenosse das Problem von kritischer Solidarität gegenüber den Angehörigen der RAF so allgemeinverständlich, präzise und analytisch auf den Punkt gebracht hätte.

Helmut Gollwitzer engagiert sich in politischen Auseinander-setzungen autonom, er läßt sich nie vereinnahmen. Dieses Enga-gement beginnt bei der Beteiligung an Kirchentagen, jahrelang ist er Mitglied der Gesamtdeutschen Synode der Evangelischen Kir-che, dann trifft man ihn mit linken Studenten und Gewerkschaf-tern beim Ostermarsch der Atomwaffengegner, beim Kampf gegen die Notstandsgesetze. 1967 schreibt er ein Buch »Vietnam, Israel und Christenheit«. Andere äußerten sich zu Vietnam oder zu Israel, Vietnam und Israel nennt nur Helmut Gollwitzer in jenen Jahren in einem Atemzug – für sein Politikverständnis ein sehr wichtiger und entscheidender Zusammenhang.

Wie viele Versuche hat es von den verschiedensten Seiten gege-ben, ihn für eine bestimmte kirchliche oder politische Richtung in Anspruch zu nehmen oder zu vereinnahmen. Wie haben sie ihn bearbeitet, von kirchlicher Seite, aus den Reihen der Philosophi-schen Fakultät der FU und vielen politischen Gruppen.

Gustav Heinemann hat in den fünfziger und sechziger Jahren versucht, ihn in die Politik zu holen. Erst in die Gesamtdeutsche Volkspartei (GVP), in der sich die Opposition gegen die Adenauer-sche Wiederaufrüstungspolitik organisierte, später versuchte Gustav Heinemann ihn in die SPD zu lotsen. Eigentlich war das ja keine schlechte Idee. Helmut Gollwitzer hätte dort sicherlich eine wichtige Funktion gehabt. Er hat es immer abgelehnt, weil er befürchtete, seine intellektuelle Unabhängigkeit zu verlieren. Zugleich hat er Gustav Heinemann und Heinrich Albertz ermun-tert und ermutigt, in der Politik zu bleiben. »Es ist sehr wichtig, daß glaubwürdige Leute wie ihr Politik in diesem Land macht. Ohne euch wäre die politische Landschaft viel ärmer und noch trostloser«, pflegte er ihnen zu sagen.

Helmut Gollwitzer hat sich besonders gern an politischen Pro-jekten beteiligt, die nicht im Rampenlicht des offiziellen bundes-republikanischen Interesses standen, wie seine Mitarbeit im deut-schen Beirat des Russell-Tribunals zur Situation der Menschen-rechte in der Bundesrepublik Deutschland (gemeinsam mit Robert Jungk, Martin Niemöller und Uwe Wesel). Bei der Grün-dung und dem Aufbau des Komitees für Grundrechte und Demo-kratie, das aus der Mitarbeit im Russell-Tribunal entstand, hat er dann ebenso mitgewirkt wie in der Friedensbewegung – vom

Hamburger Kirchentag 1981 bis zu den Blockaden der Pershing-II-Raketen in Mutlangen.

Es ist aber unmöglich, über Helmut Gollwitzer als einen unabhängigen intellektuellen Kopf zu schreiben, ohne auf seine Frau Brigitte einzugehen. Sie war ja nicht nur seine Lebensgefährtin, sondern auch ein autonomer Mensch und gleichzeitig ein sehr radikales Element in und neben ihm. Wann immer Helmut Gollwitzer Gefahr lief, seinem auch sehr ausgeprägten Harmoniebedürfnis zu erliegen, stärkte sie die radikale Seite in ihm.

Ich möchte noch eine für beide Individuen sehr bezeichnende und schöne Geschichte berichten. Als 1983 Greenpeace in einem Heißluftballon in Berlin über die Mauer flog, um gegen die Hochrüstung in beiden deutschen Staaten zu protestieren, startete dieser Ballon in Brigitte und Helmut Gollwitzers Garten in der Nebingerstraße 11 in Dahlem.

Als der Ballon nach dem Überfliegen der Mauer, ohne Wissen der West- wie Ostalliierten, irgendwo im Osten der Stadt auf einer Wiese landete, liefen den Ballon-Insassen schwerbewaffnete Männer der DDR-Grenztruppen entgegen. Als sie sich dem Ballon näherten, riefen die Greenpeace-Menschen ihnen entgegen:»Ihr braucht keine Angst zu haben, wir sind nicht bewaffnet.« Auf die anstürmenden Grenzer hatten diese Worte eine sehr beruhigende Wirkung.

Brigitte und Helmut Gollwitzer haben über dieses Ereignis gern gesprochen. Für beide bedeutete es, daß Gewaltlosigkeit doch ein kleiner Hoffnungsschimmer in dieser von Waffen beherrschten Welt ist.

Der Konflikt von Helmut Gollwitzer mit der Kirchlichen Hochschule in Berlin um die Ablehnung der Habilitationsschrift von Friedrich-Wilhelm Marquardt zeigt in besonderer Weise sein Selbstverständnis als Intellektueller. Als das Professorenkollegium Marquardts Habilitationsschrift ablehnte, gab es für Helmut Gollwitzer zwei Probleme: Das eine war die Solidarität mit Marquardt, das zweite sein Selbstverständnis als Wissenschaftler. »Auch ich hatte mich, bei allerlei Fragen, die ich selbst bei der Marquardt-Arbeit habe, dennoch mit ihr so einig erklärt, daß ich aus der Ablehnung schließen konnte, daß auch meine Auffassung von Wissenschaft und Theologie die gleiche Ablehnung erfahren würde, wenn ich nicht schon Professor wäre. Es war mir unmöglich, weiterhin eine venia legendi ... zu genießen und auszuüben, die man Marquardt verweigerte.« Viele seiner Kollegen an der Kirchlichen Hochschule interpretierten Gollwitzers Schritt als verletzte Eitelkeit, was nur zeigt, daß sie ihn nicht verstehen sollten beziehungsweise nicht verstanden haben.

Ich weiß nicht, wie viele Diskussionen wir in Helmut Gollwitzers Haus wie in der FU und sonstwo über Israel hatten. Es gab kein politisches Thema, bei dem er so leidenschaftlich wurde, sich so erregen konnte, so lange diskutieren konnte wie über Israel. Er fand es unmöglich, wenn ein sich als politisch verstehender Mensch nicht für Israel interessierte. Als ich einmal bei einem Gespräch bei ihm zu Hause in kleinem Kreis sagte, Israel interessiere mich erst, wenn es binational und sozialistisch sei, konnte er sich kaum beruhigen. Die Diskussion endete damit, daß er mich zu einer mehrwöchigen Reise nach Israel einlud, die wir 1971 gemeinsam mit seiner Frau Brigitte unternahmen. Er setzte sich mit Kritikern Israels sehr eingehend auseinander, und das war Ende der sechziger und Anfang der siebziger Jahre innerhalb der Berliner Linken nicht einfach. Gollwitzer hörte sich Kritik an der israelischen Politik an, trat ihr entgegen, wenn er nicht mit ihr einverstanden war, widersprach aber leidenschaftlich, wenn es um die Existenzberechtigung Israels ging. Als er einige Freunde und mich 1988 zu einer zweiten Reise nach Israel einlud, zeigte er sich besorgt um die Zukunft Israels. Scharf kritisierte er die Politik der israelischen Regierung. »Wenn die Israelis es nicht fertigbringen, sich mit den Palästinensern zu verständigen, stärken sie die Feinde Israels in den arabischen Ländern, deren Ziel es nach wie vor ist, den Staat Israel zu vernichten. Aber«, fügte er hinzu, »in einer Welt, in der für den jüdischen Staat kein Platz ist, möchte ich nicht leben.«

Claus-Dieter Schulze
Gollwitzers bleibende Wegweisung für die Gemeinde

Kurz vor dem Jahresende, am 29. Dezember 1993, hätten wir gern seinen 85. Geburtstag gefeiert – Freunde, Weggefährten und Schüler in großer Zahl. Nun mußten sie alle früher kommen, um ihm am 29. Oktober das letzte Geleit vom Dankgottesdienst in der Jesus-Christus-Kirche zur Beisetzung auf dem St.-Annen-Friedhof zu geben. Sieben Jahre nach dem Tod seiner Frau Brigitte ruht er nun dort an ihrer Seite, gleich nahe dem Eingang neben dem Weg zur Kirche.

Die meisten Gemeindemitglieder kennen ihn als Prediger an der Jesus-Christus-Kirche, in der ihn das Bild vom Kirchentag 1989 zeigt. Sein Charisma vermochte die Kirche zu füllen, seit er 1957 als Professor für Evangelische Theologie an die Freie Universität berufen wurde. Zum zweiten Mal wurde er Dahlemer Gemeindeglied, nachdem er von 1937 bis 1940 als junger Pastor der Bekennenden Kirche den ins KZ verbannten Martin Niemöller vertreten hatte. Die Konfirmanden und Konfirmandinnen aus diesen Jahren, die Ende der Achtziger zu ihrer Goldenen Konfirmation von überall her nach Dahlem zurückkehrten, haben ihren Konfirmator nach 50 Jahren noch einmal predigen hören. Er sprach sie an, die 65jährigen, als habe man damals den Kampf der Dahlemer Kirche gegen Führerkult und Glaubensungehorsam tatsächlich gemeinsam geführt.

Von den zirka 30 Jahren seines aktiven Predigtauftrages haben Theo Jänicke und ich etwa gleich lange mit Helmut Gollwitzer zusammen wirken dürfen. Für Jänicke war er der gleichaltrige Mitkämpfer für die Freiheit des Wortes Gottes, für mich der väterliche Freund in dem Bemühen, die Worte des Evangeliums zu Taten gesellschaftlicher Veränderung werden zu lassen. Gollis Sitzblockade vor dem Raketendepot Mutlangen und sein symbolischer Einzug bei den Kreuzberger Hausbesetzern waren dafür Beispiele.

Er tat, was er sagte. Er unterschrieb mit seinen beiden Brüdern der »Dreierbande«, Kurt Scharf und Heinrich Albertz, so manchen Appell zu mehr Humanität in einer profitorientierten Gesellschaft, an dem wir Jüngeren uns orientierten. Er teilte sein Haus mit manchen Beargwöhnten aus der 68er-Bewegung; Rudi Dutschke, seinen Untermieter, habe ich bei einer der zahlreichen Diskussionsrunden in seinen Räumen kennengelernt. Wenn Golli mit kräftiger Stimme die gesellschaftsanalytischen Statements und geschliffenen Parolen der Studenten durch einen klaren Grund-Satz aus der Bibel endete und spirituell vertiefte, hatten dem auch die glaubensskeptischen Revolutionäre nichts mehr hinzuzufügen. Der fromme Lutheraner hat einer Jugend, die sich an einem heuchlerisch-materialistischen Christentum rieb, Nachfolge Jesu Christi vorgelebt.

»Sozialisten können Christen sein, Christen müssen Sozialisten sein«, zitierte er gern Adolf Grimme. Natürlich hat er mit solchen Sätzen auch manches Dahlemer Gemeindeglied provoziert, auch wenn kaum jemand diesen seinen religiösen Sozialismus ernsthaft in die Nähe des real-existierenden Sozialismus rückte. Dafür, so spürten auch die Gegner, war Helmut Gollwitzer viel zu sehr an der prophetischen Freiheit eines Christenmenschen und an der Gemeinschaft des Volkes Gottes orientiert, das sich freilich für die notleidende Welt engagieren sollte, mehr, als es dem bürgerlichen Status quo lieb war. Aber wenn der Professor im Predigtnachgespräch zur Begründung seines politischen Evangeliums theologiegeschichtlich weit ausholte und seine Botschaft mit schlichten Gesangbuchversen untermauerte, blieb ihm auch von konservativer Seite die Achtung nicht versagt.

Wie gern habe ich dem Prediger, der auch mein Doktorvater war, im Gottesdienst zugehört, besonders dann, wenn wir – mit anderen – eine ganze Predigtreihe gemeinsam gestalteten. »Aus der Sklaverei befreit« nannte der Radius-Verlag zwölf Predigten über die Zehn Gebote, die 1979 in der Jesus-Christus-Kirche gehalten wurden. Zu diesem Gemeinschaftsunternehmen schrieb Helmut Gollwitzer im Vorwort: »Es sind ja – wenn auch, wie in diesem Falle freundschaftlich verbunden und in vielen theologischen und weltlichen Fragen übereinstimmend – immer sehr verschiedene Menschen mit verschiedenen Köpfen und Temperamenten, mit verschiedenen Erfahrungen, auch in Glaubensdingen, und nie gleichgeschaltet durch eine ihnen vorgeschriebene Sprachregelung. Sie sind nicht Grammophonplatten, sondern selbständige, freie Menschen, die in eigener Verantwortung reden sollen.« Und so gesteht er zu Beginn seiner Predigt über das 6. Gebot: »Noch nie in meinem Leben ist eine Predigt mir so schwierig gewesen wie die heutige . . .« Frau Brigitte nickte schmunzelnd und flüsterte mir zu: »Was hat er sich gequält! Sei froh, daß du heute nicht dran bist . . .«

Mit großem Feuer hat Golli sich dann 1981 an der Predigtreihe »Utopien in der Bibel« beteiligt. Manche seiner Predigten und Nachrufe sind inzwischen verstreut veröffentlicht. Ein vollständiger Band »Dahlemer Predigten« von Helmut Gollwitzer würde sicher sehr dick – und lohnend, als bleibende Wegweisung für die Gemeinde. Daß sie ihrem Herrn treu bleibt und dies im Einsatz für den gottes- und nahrungsbedürftigen Menschen tatkräftig zeigt, dafür hat er gelebt. Und so bleibt er in unserem liebenden Gedächtnis.

Brigitte und Helmut Gollwitzer auf dem Kirchentag 1985 in Düsseldorf

Reinhard Tietz
»Es geht nichts verloren«

Er hat die Menschen liebgehabt. Das war es wohl, weswegen Helmut Gollwitzers Leben so voll war von anderen Menschen, weswegen es sie hingedrängt hat zu ihm: Studenten und Putzfrauen, Bundeswehrleute und Professoren und Bauern und Wehrdienstverweigerer und weinende Mütter, Schnorrer und Bundespräsidenten, Theatermacher und Theologen, verkrachte Ehepaare und neugierige Journalisten, Kriegskameraden und KZ-Häftlinge, deutsche und jüdische und tschechische, nord- und südamerikanische Mitmenschen. Er hat sie liebgehabt. Dabei waren sie oft alles andere als »liebenswürdig«, und manchmal hat man große Augen gemacht, wenn er einem klarzumachen versuchte, warum er gerade für die, die eben von ihm weggegangen waren, da sein sollte.

Er hat sich nicht ausgesucht, für wen er da sein wollte. Immer wieder waren es Menschen, die es schwerer hatten als andere und keinen anderen wußten, der ihnen zuhören würde. Für sie wurde er dann auch ein Fürsprecher unter uns jungen, so rasch mit Urteilen fertigen linken (oder rechten) Studenten und Pfarrern. Manches Mal wurde jemand, der einem vorkam als ein lästiger, dummer oder böswilliger Mensch, durch die Art, wie Helmut Gollwitzer mit ihm oder von ihm sprach, nicht nur zu einem liebesbedürftigen, sondern auch zu einem liebenswerten Menschen. So ist er als Zuhörer, Mitdenker, Anwalt für die Studenten von 1968 ein wichtiger Mensch geworden. Aber wie sehr haben sie sich daran gerieben, wenn er im Gespräch mit ihnen auch Anwalt anderer, von ihnen vergessener, verachteter, bekämpfter Menschen werden konnte!

Er hätte ja auch anders gekonnt! Es gab da in ihm ja auch die verführerische Sehnsucht, niemandem wehtun zu wollen und mit allen Freund zu sein. Er konnte sich bedenkenlos für Ideen und

Projekte begeistern, die wir anderen in unserer bürgerlichen Ge-
hemmtheit gar nicht erst an uns herankommen ließen. Er hätte
sich auch darauf konzentrieren können, ein faszinierender, großer
Mann des 20. Jahrhunderts in Deutschland sein zu wollen, und
sich alle die lästigen Freunde und Freundchen vom Hals halten
können. Wenn ich mir überlege, warum seine Menschenliebe dennoch immer wieder so frisch und kräftig war und eine klare Kontur
hatte, muß ich an Brigitte Gollwitzer, an seine Frau, denken. Helmut ohne Brigitte – dann fehlte etwas! Die beiden waren so ver-
schieden, wie Eheleute normalerweise zu sein pflegen, vielleicht
ein bißchen mehr. Er: bis ins hohe Alter immer noch einer aus
einer alten oberpfälzischen Bauernfamilie und einer, der von der
deutschen Jugendbewegung der zwanziger Jahre geprägt war; sie:
14 Jahre jünger, aus großbürgerlichen Familien in Hessen und
Hamburg, mit jüdischen Vorfahren, mit einem warmen und
zugleich kühlen kritischen Verstand, mitgeprägt von den Kriegs-
jahren in Genf, wo der Vater, mit seiner Familie aus Deutschland
vertrieben, die ökumenische Flüchtlingshilfe aufbaute. Und dazu
all das, was es da an Verschiedenheiten der Temperamente und
Interessen, der Lebens- und Denkart gab.

Mir ist aber in meinem Leben kein Menschenpaar begegnet,
daß sich in solcher Intensität geliebt hat – nicht trotz und gegen
dieses Verschiedenseins, sondern in Glück, Freude und Dank
über das Verschiedensein und so gemeinsam leben dürfen. Liebe,
das war für Helmut Gollwitzer nicht nur die Botschaft von der
unsere Liebe begründenden und tragenden Liebe Gottes. Das
war schon gar nicht sein eigenes Tun – davon dachte er sehr zwei-
felnd, mit viel Selbstvorwürfen. Das war ihm, ganz unentbehrlich,
durch Brigitte auch die tägliche Erfahrung, ein geliebter Mann zu
sein. Was er lebte und predigte, war immer auch Dank für das
Geschenk dieser ganz besonderen Liebesbeziehung zwischen
ihnen beiden. Er war ein fröhlicher Mensch.

Als wir, ein paar Studenten, Gollwitzers 1954 beim Umzug auf
den Bonner Venusberg geholfen hatten, schenkte er mir seinen
neuen Predigtband. Auf die erste Seite schrieb er mir einen Satz
aus Luthers lateinischen Erläuterungen zum Hebräerbrief (5, 1):
»Deswegen muß jeder Priester wissen, daß er Priester ist nicht für
sich, sondern für andere, und vor allem sich mühen, daß er ausge-

stattet sei mit ganz großer Sanftmut, damit er zu tragen wisse die Sünden und Unwissenheiten anderer.«

In seinem Buch »Krummes Holz – aufrechter Gang. Zur Frage nach dem Sinn des Lebens« (1970; hervorgegangen aus Vorlesungen, die er um 1968 herum in Berlin und München hielt – in der »Zeit« hat Robert Leicht es neulich »eines der schönsten Werke zeitgenössischer Theologie« genannt) sagt Helmut Gollwitzer ganz ähnliches mit sehr spröden, grundsätzlichen und gleichzeitig ganz persönlichen Worten – und er denkt dabei an die vielen, die sagen: »Ich bin für nichts mehr da, mein Leben dient zu nichts mehr«. Daß mein Leben Sinn hat, besagt »ein Wertvollsein meiner Existenz in Beziehung auf andere, dessen ich mich freue... Das Ja des anderen verhilft auch mir zur Bejahung meiner eigenen Existenz. Ich empfange dieses Ja, und ich beantworte es, und zwar in der Weise, daß ich diene – nicht gezwungen und desinteressiert wie der ausgebeutete Sklave, sondern im Dienen ergreife ich die Möglichkeit, mein Leben wichtig zu machen für den anderen und eben dadurch auch für mich selbst.« Leben dürfen bedeutete für ihn, tätig leben dürfen, »Gewährung einer Aufgabe zum Dienen und einer Gelegenheit, sich zu opfern und aufzuopfern«.

Kein anderer Professor in Deutschland hätte das 1968 im übervollen Hörsaal seinen gegen alles Herrschen-Wollen und Dienen-Sollen rebellierenden Studenten sagen können, ohne auf der Stelle von ihnen niedergeschrien zu werden. Aber womöglich sind solche an das Zentrum des Evangeliums erinnernden Worte heute für eine mit sich selbst beschäftigte Kirche und ihre um Selbstfindung kreisenden Zeitgenossen und Theologen noch schwerer auszuhalten. Helmut Gollwitzer haben sie damals zuhören *können*. Woran lag das?

Was uns am auffälligsten anrührte, bewegte und mitzog, war, daß wir es hier mit einem zu tun hatten, der wieder und wieder selbst tat, was er uns sagte. Er ging dem riesigen Trauerzug voran, der sich im Juni 1967 mit dem Leichnam Benno Ohnesorgs von der Freien Universität zum Kontrollpunkt Dreilinden bewegte. Bald darauf hatte Christa Ohnesorg mit ihrem Baby in Gollwitzers Wohnung Unterschlupf gefunden und dann auch Rudi und Gretchen Dutschke und Hosea Ché. Schon 1938 – aber das erfuhr man erst 50 Jahre später – hat er, der Nachfolger Martin Niemöllers, zusammen mit einigen mutigen Dahlemer Frauen versucht, Jüdinnen und Juden das Leben zu retten. 1957 war ich dabei, als er mitten in den Auseinandersetzungen um die atomare Bewaffnung der noch ganz jungen Bundeswehr im größten Bonner Hörsaal vor Bonner Studenten und Politikern, Beamten, Professoren und Militärs das erste große evangelische »Nein« zu den Atomwaffen sozialethisch begründete und damit eine jahrelange Kontroverse einleitete (und sich so auch um die Gunst von Theodor Heuss brachte). Und in Mutlangen 1983 haben beide Gollwitzers sich mit den anderen in den Dreck gesetzt und abschleppen lassen. Wenn er mit uns sang und betete: »Öffn' uns die Herzen und das Ohr, daß wir das Wort recht fassen ... daß wir nicht Hörer nur allein des Wortes, sondern Täter sein, Frucht hundertfältig bringen«, dann war klar für ihn, daß er auf der Linie dessen, worum er betete, sich selbst auch, privat und öffentlich, tätig zu exponieren hatte – manchmal bis an die Grenzen seiner Kräfte. Er gehörte zu einem Herrn, von dem er wußte: »Den Seinen gibt er's schlafend, aber das heißt nicht, daß er die schlafenden Knechte für seine besten hält.«

Das hing damit zusammen, daß er auf eine ganz einzigartige, persönliche Weise mit allen Sinnen geöffnet war für die Welt um ihn herum. Er hat nie gesagt: »Das geht mich nichts an.« Es tangierte ihn beinahe alles, ihn selbst. Die Welt, in der er lebte, das waren selbstverständlich in erster Linie die vielen lebendigen Menschen, die vielen Situationen und Konstellationen, die Möglichkeiten und Aufforderungen, die darin steckten. Zu dieser lebendigen Welt gehörten »natürlich« auch die Vögel und die Bäume und Berge und auch Essen und Trinken und erst recht seine zahllosen frommen und unfrommen Lieder. Da war aber auch die Welt der Bücher, des Geistes, eine jahrhundertlange Geschichte längst verstorbener denkender, erzählender, schreibender Menschen. Seine eigenen Schriften sind voll von Erinnerungen an sie, an oft gänzlich Vergessene, voll von Gesprächen mit ihnen, mit Philosophen und Dichtern und Theologen und Artikelschreibern. Vieles, was für uns längst öder Examensstoff, literarischer Müll, tote Geistesgeschichte war, lebte in ihm. Luther und Bakunin, Aristoteles und Rilke, Kant und Marx, Dostojewski und Goethe, Nietzsche und Jean Paul, Einstein, Gerhard Tersteegen, sie sprachen alle mit ihm.

Wir konnten bei ihm entdecken, in was für einer reichen Welt wir leben. Aber nun gerade nicht als auszubeutendes »Material« für unseren eigenen Nutzen, nicht zur Selbsterbauung, sondern eher um uns zu disziplinieren: damit wir Bescheidenheit lernten, Fremdes und Fernes nicht verachteten, sondern an uns heranließen; damit wir kritisch würden gegenüber eigenen Gedanken und ihren Folgen; damit wir nicht vorschnell fertig würden mit unserem Fragen und Argumentieren. Er war eigentlich niemals »fertig« mit irgendwas, irgendwem. Manche Lehrer gelten als groß, wenn sie andere erledigen. Helmut Gollwitzer war groß darin, andere zum Leben zu erwecken und am Leben zu erhalten.

Gelernt hat er das mit Brigitte zusammen, im täglichen Leben mit der Bibel, bei der Morgenandacht am Frühstückstisch, im Beten, beim Predigen-Müssen und -Dürfen: uralte Texte von Menschen, die zwei-, dreitausend Jahre tot sind, Texte, die zum Leben erwachen können, wenn man ihnen nur zutraut, daß sie von meinem, von unserem Leben handeln könnten. Geöffnet haben sie sich ihm aber besonders da, wo sie abgegriffen, nichts mehr sagend oder unzugänglich und widerborstig zu sein schienen: als hätten sie gewartet auf einen wie ihn, der sich daran abarbeitet, ihr Entdecker und Freund zu werden. Weil er mit der Bibel lebte, konnte er uns – vor allem uns Predigthörern und Predigthörerinnen – ein wahrer Aufklärer sein, konnte er uns lehren, unsere Welt und uns selbst mit offenen Augen zu sehen, das heißt: in Schmerz und Freude mit liebenden Augen zu sehen.

Gollwitzers Buch vom Sinn des Lebens schließt mit einer Thesenreihe, die so etwas wie sein letztes Wort sind:
»5. Wir sind geliebter, als wir wissen.

12. Dieses Leben ist ungeheuer wichtig.

13. Die Welt ist herrlich – die Welt ist schrecklich.

14. Es kann mir nichts geschehen – Ich bin in größter Gefahr.

15. Es lohnt sich zu leben.«

Und als »Fazit« steht darunter einer der Sprüche Salomons (15, 30): »Freundlicher Anblick erfreut das Herz, eine gute Botschaft labt das Gebein.« So hat er mit seinem Leben das Evangelium von der »Freude Gottes« weitergesagt.

Das Licht ist nicht tot.
Gott ist nicht tot.
Die Hoffnung
ist nicht unbegründet.
Jesus nicht ein leerer,
toter, vergangener Name,
nicht nur der Gekommene,
sondern der Kommende,
das Licht der Welt,
die im Dunkeln liegt,
das Licht auf dem Wege,
das Licht der Heimat,
auf die wir zugehen.

Helmut Gollwitzer

Volker Schliski
Befreiung zur Solidarität

Einerseits ist es mir eigentlich unmöglich, über Gollwitzer zu schreiben: Es geht mir wie Menschen, die jemanden verloren haben, der ihnen ganz nah war; vor lauter Erinnerungen wissen sie kaum etwas zu sagen. Es sind ja nicht die vielen einzelnen Begegnungen, sondern es ist doch die Person, der Mensch selber, der so wichtig gewesen ist. Gollwitzer begegnete seinen Mitmenschen ganz unmittelbar und unverstellt, ganz offen für sie, neugierig auf sie und genauso selbst bereit, sich ganz auf sie einzulassen, sich ihnen mitzuteilen in dem, was ihm wichtig war. Und das war ganz »untrennbar und unvermischt« er selbst, sein Du und Ich und – Evangelium, das Evangelium.

Andererseits ist es jetzt, nachdem er am 17. Oktober 1993 verstorben ist, unmöglich, von ihm zu schweigen. Er hat ungezählten Menschen neue Hoffnung gemacht, neue Perspektiven eröffnet, sie vor Resignation oder Verzweiflung und Zynismus bewahrt. Und er hat ihnen den Grund zu Lebensfreude und Vertrauen gezeigt, ohne die Augen vor der Not und den Ungerechtigkeiten der Menschen zu verschließen, im Gegenteil: um sie anzustacheln und zu ermutigen zur Solidarität mit den »Erniedrigten und Beleidigten« (Dostojewski) im Kampf für bessere Gerechtigkeit, in Hoffnung auf das Reich Gottes.

»Befreiung zur Solidarität« war der Titel seiner letzten regulären Vorlesung 1975, einer Summe seiner theologischen Arbeit und zugleich eine Einführung in die Theologie, eine Einladung, es denkend und handelnd mit dem Evangelium zu versuchen. Gollwitzer ging es immer um das eine: die Geschichte von Jesus aus Israel unter allen Umständen, persönlichen und politischen, allen Menschen, mit denen er zu tun kriegte, als Grund und Ziel und Weg und Sinn des Lebens interessant und erfreulich und aktuell zu machen.

In den Medien, vor allem in den maßgeblichen West-Berliner Blättern der siebziger Jahre, bekam man ein ganz anderes Bild von diesem Menschen und Zeugen Jesu Christi: ein Revoluzzer, ein Zerstörer unserer wohlverdienten Lebensverhältnisse, ein Verführer der Jugend. Man kann wohl auf den Gedanken kommen, ihn im Lichte der Seligpreisungen Jesu zu sehen: »Selig seid ihr, wenn ihr um meinetwillen beschimpft und verfolgt und auf alle mögliche Weise verleumdet werdet. Freut euch und jubelt: Euer Lohn im Himmel wird groß sein.« (Matthäus 5, 11 ff.) Sich freuen und jubeln konnte er wahrhaftig. Nicht um seiner selbst willen – er war der uneitelste und uneingebildetste Mensch von solchem Gewicht und solcher Bekanntheit –, sondern immer aus dem unerschütterlichen Vertrauen, daß es Gott schließlich mit allen Menschen gutmachen würde. Deshalb hat er sich um Politik gekümmert, weil ihm Menschen in Not keine Ruhe ließen. Er hat sich gesehnt nach dem Himmelreich, weil das ihm die Kraft war, sich schon hier nicht abzufinden mit unseren elenden Zuständen. Ich kann es mir wirklich nicht anders denken, als daß sein Lohn im Himmel groß sein wird. Er selbst aber wünschte sich, auch da noch einmal, unbelastet von aller Erdenschwere, dem Herrn Jesus zu dienen. Wenn er das könnte ... Es gibt vielleicht wirklich Heilige, die uns zu leben helfen.

Wesentlichen Einfluß auf die Ausrichtung von Gollwitzers Tun und Denken hatten Karl Barth (1886–1968), der Schweizer Theologe – sein entscheidender Lehrer und lebenslanger Freund –, und der Kirchenkampf in der Nazi-Zeit. Gollwitzer entdeckte, wie die Kirche – und das sind wir – vom Evangelium lebt und nicht umgekehrt das Evangelium von der Kirche – von uns – abhängt. Das gab ihm die »Freiheit eines Christenmenschen«, durchaus im Sinne Luthers, in der er so vorbehaltlos und freimütig den Menschen und Problemen seiner Zeit begegnen konnte. Wie er dabei auch von menschlichen Erfahrungen in Extremsituationen geprägt wurde, haben die Leser seines unvergessenen Kriegsgefangenenbuches »... und führen, wohin du nicht willst« mit Anteilnahme verfolgt.

Das Erlebnis Sowjet-Rußlands hat ihn auch in die geistige Auseinandersetzung mit dem Marxismus und Sozialismus geführt. Die atheistische Religionskritik und der sozialistische Anspruch auf eine bessere Gesellschaftsordnung wurden ihm zu dauernden Herausforderungen für sein wissenschaftliches Nachdenken und politisches Engagement: immer im Interesse, berechtigte Anfragen aufzunehmen und ins Gespräch zu kommen, bewegt von der christlichen Hoffnung, »daß allen Menschen geholfen werde« (1. Timotheus 2, 4).

Gollwitzer hat immer das Gespräch gesucht: zwischen den Wissenschaften, mit den Studenten und Professoren verschiedener Fächer, überhaupt mit Menschen unterschiedlichster Anschauungen, um die Sprachlosigkeit zwischen ihnen – und das heißt ja immer auch das Unverständnis untereinander – aufzubrechen und zu überwinden. Er gehörte zu den großen Anregern neuer, übergangener und unbequemer Fragestellungen. So hat er immer wieder die atomare Abschreckung in Frage gestellt und erklärt, wieso sich Christen nicht auf den Schutz von alles zerstörenden Atomwaffen verlassen dürfen. Wenn Gorbatschow später erkannte, daß die Menschheit durch die Erfindung dieser Massenvernichtungsmittel ihre »Unsterblichkeit verloren« hat, und daraus praktisch-politische Konsequenzen in der Abrüstung zog – Gollwitzer hatte das hierzulande längst gepredigt; aber wer hatte es gehört?

Auch die Anerkennung des Staates Israel durch die Bundesrepublik Deutschland hat er als einer der ersten auch mit christlichen Argumenten propagiert und den christlich-jüdischen Dialog aus den Erfahrungen mit der nazistischen Judenverfolgung mit in Gang gebracht.

Nie ging es ihm in seiner Arbeit als Universitätsprofessor nur um abstrakte und theoretische Einsichten, immer hatte er ganz praktisch und lebensnah das Wohl und Heil seiner Mitmenschen im Sinn. Das machte ihn auch noch in seinen Predigten auch für Nichtchristen interessant und glaubwürdig. Überhaupt war er im Grunde nichts anderes als Prediger und Seelsorger und – ein Beter, und darin nichts mehr als ein Mensch: Geschöpf seines guten Schöpfers.

Sein Buch »zur Frage nach dem Sinn des Lebens«, das den Titel trägt »Krummes Holz – aufrechter Gang« (das ist der Mensch und seine Bestimmung), endet mit den Sätzen: »Nichts ist gleichgültig. Ich bin nicht gleichgültig ... Die Welt ist herrlich – die Welt ist schrecklich ... Es lohnt sich zu leben. – Fazit: Ein freundlicher Blick erfreut das Herz, eine gute Botschaft labt das Gebein (Sprüche 15, 30).« – Das ist ein Fazit und Zeugnis auch seines Tuns, seiner Erfahrungen, seines Glaubens – seines Lebens.

Fast 85 Jahre ist er alt geworden.

Kurt Scharf und Helmut Gollwitzer (1983)

Wolfgang Ullmann
Anwalt der Menschlichkeit – ärgerlich, hart und nahe

Wie gut, daß es in diesem vom Aussatz der Unmenschlichkeit heimgesuchten Jahrhundert jemanden wie Helmut Gollwitzer gegeben hat:

den Christen, der als Anwalt der Menschlichkeit unbeirrbar blieb auch dem krummsten Holz gegenüber im Urwald unserer Großstadtgesellschaft;

den Professor, und zwar ausgerechnet auch noch der Theologie, der nicht sprachlos wurde, nicht in spießbürgerlichem Entsetzen wie seine Kollegen nach der Polizei rief, als die von ihren revolutionären Passionen hingerissenen Studenten ihn höhnten: »Du bist auch bloß ein liberaler Scheißer«, sondern nur sehr nachdenklich geworden entgegnete: »Da könntet ihr sogar recht haben!«

den Pfarrer, dem es, ihm, dem unbeugsamen Verteidiger der Gewaltlosigkeit, am Sarg der Gewalttäterin Ulrike Meinhof nicht die Sprache verschlug, weil er ein Herz für das ganze Ausmaß der in dieser Toten verkörperten Verzweiflung hatte.

Helmut Gollwitzer stammt aus Bayern, wo er am 29. Dezember 1908 in Pappenheim geboren wurde. Aber jetzt gehört er zu denen, deren Gestalt das Berlin der Mitte und der zweiten Hälfte dieses Jahrhunderts mitgeprägt hat. Es sind Leute, von denen die Schildbürger aller Lager und Gegenden notorisch keine Ahnung zu haben pflegen, wenn sie Berlin mit dem identifizieren, wogegen gerade in dieser Stadt am nachhaltigsten opponiert worden ist, nämlich mit Stechschritt, Kadavergehorsam und Unfreiheit.

Der junge Gollwitzer, Vikar der Bekennenden Kirche, übernahm 1937 die schwerwiegende Aufgabe, den damals verhafteten, freigesprochenen, aber anschließend ins KZ Dachau verbrachten Martin Niemöller an der Christuskirche in Berlin-Dahlem zu vertreten. Es war die Gemeinde, der die Neuerung entstammt, im Sonntagsgottesdienst stehend das Glaubensbekenntnis zu sprechen, das bis dahin allenfalls als Gemeindechoral gesungen oder vom Pfarrer verlesen worden war. Ich habe es angesichts einer nach Tausenden zählenden Gemeinde im Sommer 1974 in Odessa erlebt, welches unbeschreibliche Freiheitsgefühl und Freiheitsbewußtsein in dem gemeinsamen Bekennen der Gemeinde angesichts einer nichtchristlichen Öffentlichkeit sich zu artikulieren vermag.

Unbeachtet von einer größeren Öffentlichkeit konnte Gollwitzer damals, kurz bevor er als Sanitäter an die Front kam, als Meisterarbeit im theologischen Handwerk seine Untersuchungen über die Abendmahlslehre der Reformation vollenden. Höchst bezeichnend für den Theologen Gollwitzer, daß es just das Mysterium des Abendmahls ist, bei dem ihm jene Worte aus der Feder fließen, mit denen wie mit keinen anderen sein Engagement für Mitmenschlichkeit charakterisiert werden kann: »unübersehbar, ärgerlich, hart und nahe« (Luthers Abendmahlslehre, 1938).

Zu einem der bekanntesten deutschen Nachkriegsautoren aber wurde Gollwitzer schlagartig, als 1950 die Erinnerungen über seine sowjetische Kriegsgefangenschaft »... und führen, wohin du nicht willst« erschienen. Wir verschlangen das in der DDR verpönte Buch als eindrucksvolles und unpathetisches Zeugnis dafür, welche Folgen es hatte, wenn jemand, auf den die Sowjetadministration wegen seiner Zugehörigkeit zum kirchlichen Widerstand große Hoffnungen gesetzt hatte, jede Form der Kollaboration mit dem Stalinismus ablehnte.

Derselbe Gollwitzer war es, der kurz darauf zusammen mit Reinhold Schneider und Käthe Kuhn unter dem Titel »Du hast mich heimgesucht bei Nacht« Dokumente des Widerstands gegen die Hitler-Herrschaft publizierte, die erstmalig in einem Nachkriegsdeutschland, in dem selbst eine den Oppositionellen wohlgesonnene Journalistin wie Margret Boveri den 20. Juli oder den Kreisauer Kreis unter der Überschrift »Verrat im 20. Jahrhundert« behandelte, Maßstäbe aufgerichtet wurden, an denen abzulesen war, warum es im Namen der Humanität geschah, wenn von den Gegnern Nazi-Deutschlands dessen bedingungslose Kapitulation gefordert wurde.

Gollwitzer aber war mittlerweile Anfang der sechziger Jahre von der bürgerlichen Restauration in solchem Ausmaß als Linker gebrandmarkt worden, daß er 1961 – im Jahr des Mauerbaus! –

nicht als Nachfolger Karl Barths nach Basel berufen werden konnte, obwohl der große Theologe gerade in ihm seinen Nachfolger sah. Kein Zufall, daß eine im babylonischen Gefängnis des Kalten Krieges befangene Schultheologie die Habilitationsschrift des Gollwitzer-Schülers Friedrich-Wilhelm Marquardt »Karl Barth und der Sozialismus« ganz ablehnte, von der Dissertation des Gollwitzer-Doktoranden Wielenga über Lenin, Bulgakov und Stouve den fünften Teil zurückwies, weil dort von »theologischer Aufmerksamkeit für Lenin« die Rede war.

Ich erwähne diese theologiegeschichtlichen Kuriosa, weil sie zeigen, wie selbst die weltfernste Dogmatik erbost reagiert, wenn sie an die geschichtlichen Voraussetzungen ihres Tuns erinnert wird, weil eine von ihr nicht vorgesehene Position sie als Insiderwissen kritisch beleuchtet. Aber gerade diese kritische Sensibilität ließ Gollwitzers, Marquardts und Wielengas Schriften für uns in der DDR so wichtig werden. In ihnen sah die DDR-Opposition genau wie in den Texten der russischen, polnischen und tschechischen Dissidenten Gesprächspartner, die sie als Hilfen und Garanten ihrer geistigen Unabhängigkeit schätzte, ganz im Gegensatz zu den antidemokratischen Preziositäten eines Heidegger, Ernst Jünger oder Armin Mohler.

Und daß Gollwitzer mit Walter Jens, Robert Jungk und Heinrich Böll sich wegen der Mutlangen-Blockade eine Nötigungsklage nach dem berüchtigten § 240 StGB zuzog, das machte ihn zum Freund und Verbündeten aller jungen Leute, die sich von der Volkspolizei wegen des Aufnähers »Schwerter zu Pflugscharen« verhaften und maßregeln lassen mußten.

Sollten wir nicht, statt endlos und ziellos das Problem einer nationalen Identität der Deutschen zu wälzen, fragen, wo Gestalten sind, die die Deutschen in Ost und West verbinden? Ganz gewiß ist Helmut Gollwitzer eine von ihnen. Wer hat sich mehr um dieses Verbinden und damit um die Einheit des Vaterlandes verdient gemacht – die Kalten Krieger, die ihn als »Linken« verlästerten, oder der Vikar Martin Niemöllers, der Prediger am Grab Rudi Dutschkes, der Freund von Robert Jungk und Heinrich Böll, er, der friedlich blieb sogar gegenüber den Zeloten der Gewalt, allem Menschlichen nah, ärgerlich und hart nur gegen alle Arten von Unmenschlichkeit?

Nicht mehr glauben
an unsere Unmöglichkeit,
sondern nur noch glauben
an seine Möglichkeit!
Nicht mehr sagen:
Ich kann doch nicht
beten, glauben, lieben,
sondern:
Mit dir und durch dich
kann ich es.
Und darum aufstehen
und schlafen gehen,
leben und sterben
mit der Bitte:
Tu, was du versprochen hast!
Komm und hilf meiner Schwachheit auf.
Auf dein Versprechen
will ich heute neu anfangen
zu beten,
zu glauben,
zu lieben
und zu hoffen.

Helmut Gollwitzer

Siegfried von Kortzfleisch
»Das Hören auf die Bibel ist mein tägliches Brot«

Man hat ihn bewundert und scheel angesehen. Er konnte tröstend predigen und provozierend analysieren. Kaltgelassen hat er weder Freund noch Feind. Dabei begann das Leben von Helmut Gollwitzer in durchaus gemächlichen Verhältnissen. Sein Vater war Pfarrer in der fränkischen Kleinstadt Pappenheim. Der heimische Tonfall blieb dem Sohn eigen auch nach Jahrzehnten in der Fremde von Bonn, Berlin und anderswo. Und auch vom klassischen Luthertum hat er sich nie gelöst. Wie ein guter Pietist konnte er sagen: »Das Hören auf die Bibel ist mein tägliches Brot.« Nach dem Studium lebte er eine Weile als Schloßprediger in Ernstbrunn bei Wien. Mit solcher Vorgeschichte hätte Helmut Gollwitzer auch Bischof werden können. Doch es kam alles sehr anders. Die turbulente Zeitgeschichte griff nach ihm.

Keine Spur mehr von Gemächlichkeit. Es war Kirchenkampf – unter und gegen Hitler. Helmut Gollwitzer taucht beim »Preußischen Bruderrat« in Berlin auf; er vertritt zwei Jahre lang den inhaftierten Martin Niemöller als Pfarrer in Dahlem. Dann die Uniform. Zehn Jahre Soldat und Kriegsgefangener. Das ist aus den Biographien dieser Jahrgänge niemals mehr zu tilgen. Manche freilich überlebten die Lager starr und stumm. Sie wollten nicht »umerzogen« werden. Gollwitzer, der nicht weniger litt als jene, hatte die Kraft zu reden, zu fragen, zu forschen. Marxismus – was ist das? Was trieb die Leute an, die die Macht ausübten über die Geschlagenen?

Gollwitzer ließ sich, soweit es ging, geistig auf ihre Ideologie ein. Er wollte ihr begegnen – als Christ. Der Bericht dieser Jahre, »... und führen, wohin du nicht willst«, machte ihn berühmt, der Titel wurde zum Schlagwort. In seinen eigenen Augen war das Buch eine kritische Auseinandersetzung mit dem Sowjetkommunismus. Die anderen aber, die Erstarrten, nahmen ihm übel, sich darauf eingelassen zu haben: 1951, kurz vor dem Kalten Krieg. Marxismus blieb beinahe bis zuletzt ein Lebensthema. Helmut Gollwitzer ließ sich gar nicht davon abbringen. Aber es trug ihm Abwehr ein, Anfeindung, ja Haß. Er scheute sich dennoch in den siebziger Jahren nicht, sich einen »christlichen Marxisten« zu nennen; was scherte ihn die Schelte der Meute, die ihn einen Kommunisten nannte.

Der Vorgang ist typisch, Gollwitzer lebte im Dialog, aber er nahm auch Partei, so war er fruchtbar, und so trug er sich Ärger ein. Zum Beispiel im christlich-jüdischen Dialog, einem anderen Lebensthema. Als in den sechziger Jahren ein modischer Antizionismus aufkam und auch Evangelische Studentengemeinden durchsetzte, widerstand er heftig. Die Studenten reisten zur PLO, Gollwitzer verurteilte sie als »Komplizen der Mörder«. Man haderte mit ihm. In den Jahren des studentischen Aufruhrs befand er sich wieder auf der Seite der Jungen. Er demonstrierte mit ihnen auf dem Ku'damm in Berlin. 1976 predigte er am Grabe der Ulrike Meinhof; wen sonst hätten die Studenten anhören mögen? So wurde er ein Buhmann der bürgerlichen Öffentlichkeit. Dabei beschwor er doch die Terrorsekte RAF, laßt endlich ab von den Morden. Stets stand er irgendwo auf jemandes Seite. Und wenn er um die Seelen der Irrenden und Verwirrten rang, so konnte er es tun, weil er ihnen, ohne den Irrtum zu teilen, doch nahe war.

Manche Dialoge verliefen friedlicher. Mit dem Philosophen Wilhelm Weischedel debattierte er in abwechselnden Vorlesungen über »Denken und Glauben«. Sie taten es als Freunde. Dorothee Sölle regte ihn an, über die Verborgenheit Gottes neu nachzudenken (»Von der Stellvertretung Gottes«). So widerstand er zugleich dem widersinnigen Versuch einer »Theologie nach dem Tode Gottes«. Die Existenz Gottes – er bekannte sie, eben weil sie bestritten wurde. Da konnte er doch nicht schweigen. Er nahm seine Zeitgenossen ernst, er enthüllte freilich ihren Irrglauben. Wie er auch die Marxisten ernst genommen hatte – mit der Absicht, ihre Weltanschauung zu entmythologisieren. Wie er auch die Fortschrittswütigen ernst nahm, und zwar so: Wir müssen »für den Fortschritt kämpfen, ohne an ihn zu glauben« (in: »Krummes Holz – aufrechter Gang«).

Und der Mann, der den Krieg erlitten hatte, kämpfte um den Frieden. Dies war vielleicht das bewegendste Lebensthema geworden. Ostermärsche, Kampf gegen die Nachrüstung. Noch einmal lauter Demonstrationen. Gollwitzer, eifrig wie ein Junger, so als hätte er seine eigene Jugendbewegung nachzuholen. In Mutlangen saß er dabei. Mit ihm Dorothee Sölle und Walter Jens und viele mehr. Es war auch die Zeit der vielen Aufrufe, und Gollwitzers Name stand fast immer auch darunter. Er hatte ein Herz voller Eifer, und was ist würdiger, als eifrig für eine friedvolle und menschliche Welt einzutreten. Ein Schuft, wer den Eifrigen just dafür schlechtmacht.

Freilich, wer einen solchen Weg geht, kann auch irren. Helmut Gollwitzer war davor nicht gefeit. Als vor zwanzig Jahren die Warnung des Club of Rome vor kommenden Weltkatastrophen viele Menschen bewegte, meinte er, die sozialistischen Länder seien viel besser gerüstet, den Katastrophen zu begegnen, als die kapitalistischen. Auch die Friedensdebatten der Christlichen Friedenskonferenz hat er überschätzt. Doch – wie schwer wiegen Irrtümer neben den Wahrheiten?

Und manchmal steckt im Irrtum eine Wahrheit: Immer wieder operierte Gollwitzer mit dem alten Begriff der Klassengesellschaft. Auch der Wohlstand habe Klassen-Klüfte nicht beseitigt. Man konnte das, gegen Gollwitzer, abtun, solange es stetig aufwärts ging. Heute wachsen die Klüfte wieder, und Gollwitzer müßte mahnend fragen: Auf wessen Seite stehst du, Christ, bei den Schwachen oder bei den Mächtigen?

Helmut Gollwitzer hat das alte Gehäuse der Theologie verlassen, um anderswo und anders Theologe zu sein. Er hat nicht wie sein Lehrer Karl Barth eine gewaltige Summa der Theologie geschrieben, sondern antwortete auf die Erfordernisse der Zeit. Das geschah eher in Aufsätzen und Vorträgen, aktuell eben und auf die jeweiligen Probleme bezogen. Also sammelte sich sein Lebenswerk als »Ausgewählte Werke«, immerhin in zehn Bänden.

1957 folgte er dem dringenden Ruf an die Freie Universität in Berlin – als Theologe in der philosophischen Fakultät. So konnte er gar nicht anders, als im Dialog zu denken. Er ließ sich aber auch in dieser akademischen Welt nicht gefangennehmen und wurde ein öffentlicher Prediger und Aktivist der ethischen Bewährung. Zwischen Kanzel und Blockade lebte er. Eindrucksvoll und wundersam mißverständlich.

Nie war er darauf bedacht, am glänzenden Bild seiner selbst zu polieren. Imageschrammen ertrug er, beinahe heiter. Sie gehörten für ihn zum riskanten »prophetischen« Leben. Nein, abgewogen reden, das war seine Art nicht. Mit einer kugelsicheren Weste herumlaufen war nicht sein Lebensstil. Und, na klar, wer Partei ergreift, der weiß, der muß auch Schuld auf sich laden: Gollwitzer wußte das.

Es gab die berühmte Freundesrunde: Neben Gollwitzer Bischof Kurt Scharf und Heinrich Albertz, der unermüdliche, und, als protestierender Katholik in die Runde aufgenommen, Heinrich Böll, der Dichter. Sie sprachen öffentlich fast immer gleichlautend, oft einstimmig. Sie alle vertraten ein entschiedenes, in der Welt wirksames Christentum. Sie waren als links verschrien; eigentlich müßte man sie radikale Konservative nennen. Sie genossen das Vertrauen der jungen Generation, ja, sie erfuhren deren Verehrung. Helmut Gollwitzer starb als letzter, am 17. Oktober. Seine Stimme war schon seit Jahren leise geworden. Es war eine erstaunliche »Viererbande«. Wer wird ihr folgen? Wer übernimmt ihren Auftrag?

(in: Deutsches Allgemeines Sonntagsblatt, 24. Oktober 1993)

Uwe Wesel
Golli – ein deutscher Gelehrter ohne Misere

Stellen Sie sich vor: Ein kleiner Mann, nicht ganz 1,70, kräftig gebaut, aber nicht dick, faltiges und freundliches Gesicht, Brille, Pfeife, weiße Haare um einen kahlen Kopf, sehr lebendig, sehr herzlich und auch im hohen Alter immer noch der leichte Akzent seiner fränkischen Heimat. Das war Helmut Gollwitzer.

Seine Freunde nannten ihn Golli. 1933 war er 25 Jahre alt, studierte Theologie, promovierte dann bei Karl Barth, der für ihn immer sein Lehrer war, wurde Mitglied der Bekennenden Kirche, mit Dietrich Bonhoeffer und Martin Niemöller, sprach als Pfarrer in Berlin öffentlich gegen die Verfolgung von Juden, wurde öfter verhaftet, erhielt Redeverbot und ging als Sanitäter in den Krieg. Vier Jahre sowjetische Kriegsgefangenschaft, darüber 1951 ein wunderschönes Buch, »…und führen, wohin du nicht willst«, einer der ersten großen literarischen Erfolge der Bundesrepublik, sogar von Adenauer geschätzt, der meinte, Golli sei ein – christlicher – Antikommunist. Damals heiratete er Brigitte Freudenberg. Die war seine Frau bis zu ihrem Tod, 36 Jahre lang. »Du hast sie glücklich gemacht«, sagte ihr Bruder, als Golli 80 wurde. Da war sie schon gestorben.

Und in der Tat. Ich glaube, es gibt wenige Menschen, die so schön zusammengelebt haben wie die beiden. Er wurde Professor der Evangelischen Theologie in Bonn, dann an der Freien Universität in Berlin, ein engagierter, gegen die Wiederaufrüstung, gegen die Atomrüstung, gegen den Vietnamkrieg, gegen die Berufsverbote. Ein Linker, aber keine rote Socke. Kritisch gegen die Sowjetunion, kritisch gegen den Kapitalismus. Ein Marxist? Das wußte er wohl selber nicht. War auf der Seite der revoltierenden Studenten und also ein Dorn nicht nur im Auge seiner Kollegen. Aber auch den Studenten ist er auf die Füße getreten, zum Beispiel wegen ihrer Feindseligkeit gegen Israel. Dort war er oft, engagiert, solidarisch und mit deutlicher Kritik an der Politik gegen die Palästinenser. Als die Berliner Studenten im November 1968 ihren Sieg feierten gegen die Polizei in jener denkwürdigen Schlacht am Tegeler Weg, hat er ihnen auf der Vollversammlung im Audimax der FU gesagt, daß es so nicht geht. Menschenleben aufs Spiel zu setzen, sei Sache der Faschisten. Also wurde er entsetzlich ausgebuht und blieb unerschüttert auf ihrer Seite, schrieb viele Bücher, viele gute, ein großer Wissenschaftler, ein großartiger Lehrer, ein hinreißender Redner, eine moralische Instanz. Konnte aber auch mogeln. Wie mit jenem Bild, auf dem er eine Matratze in ein besetztes Kreuzberger Haus trägt. Solidarität mit den Hausbesetzern, 1981. Geschlafen hat er jedoch in seiner Villa in Dahlem.

Dann kam die Friedensbewegung, und Golli setzte sich auf die Straße vor die Pershings in Mutlangen, ohne zu mogeln, und wurde auch richtig verurteilt. Wegen Nötigung. Brigitte war dabei und wurde genauso verurteilt.

Auch sonst war er nie allein. In West-Berlin gab es noch zwei andere Theologen seiner Couleur. Kurt Scharf, der Bischof, und Heinrich Albertz. Der war mal Regierender Bürgermeister und dann wieder einfacher Pfarrer. Drei Freunde. Kurt Scharf ist vor drei Jahren gestorben, Heinrich Albertz in diesem Mai und Helmut Gollwitzer am Sonntag vor dem Beginn dieses Wintersemesters.

Lieber guter alter Golli, du wurdest ein Teil der Geschichte der Bundesrepublik, ein wichtiger. Und nun bis du tot, und wir sind traurig. Sehr traurig. Du erinnerst dich da oben bei deinem lieben Gott an Ernst Bloch? Der war dir sehr nahe. In einem seiner schönsten Bücher, »Naturrecht und menschliche Würde«, also das mit dem aufrechten Gang, du weißt schon, da gibt es am Ende ein Kapitel über Christian Thomasius. Der war vor 300 Jahren Professor an der Universität Halle und ein Draufgänger wie du. Es hat die Überschrift »Christian Thomasius, ein deutscher Gelehrter ohne Misere«.

Ja, lieber Golli. Das gilt auch für dich. Das bist du gewesen. Ein deutscher Gelehrter ohne Misere. Adieu.

Robert Leicht
Zornig und fromm

Folgt man den ehrenvollen Nachrufen auf den am vergangenen Sonntag im Alter von 84 Jahren gestorbenen Theologen Helmut Gollwitzer, so ergibt sich ein merkwürdiges, ein ebenso lebhaftes wie blasses Bild dieses Mannes.

Dann hat man noch einmal den politischen Theologen der Protestgeneration von 1968, den Sprecher der Friedensbewegung vor sich. Und das ist gewißlich wahr: Gollwitzer, der mit Rudi Dutschke befreundet war und ihm die Totenrede hielt, war vom angesehenen »Hof-Theologen« der frühen Bonner Republik über die Jahre zu einer der Leitfiguren der zornigen Generation geworden.

Anfangs hatten sich Staat und Kirche viel an ihm zugute gehalten, nicht zuletzt wegen seines tapferen Widerstands im »Dritten Reich« und wegen seiner Abrechnung mit dem Kommunismus nach der Rückkehr aus der Kriegsgefangenschaft. Später aber bezeugte Gollwitzer, daß der Zorn auf die politische Gegenwart nicht auf die Nachgeborenen beschränkt blieb. Ob er nun an Sitzblockaden teilnahm oder seine Matratze in ein besetztes Haus trug – er suchte die Nähe zu Menschen, die sich rieben an den herrschenden Verhältnissen – und er bot ihnen seine Nähe an. Selbst der Andersdenkende war von seinen Reden und Stellungnahmen mindestens so beeindruckt wie gelegentlich verstört. Einem solchen Menschen konnte man vielleicht widersprechen, nicht aber in den Rücken fallen. Jeder Streit hat freilich seine Zeit. Vielleicht wird der »politische« Helmut Gollwitzer eines Tages im Gedächtnis verblassen – zusammen mit den vielen Kontroversen der siebziger und achtziger Jahre. Dann werden sich viele fragen müssen, warum sie nur den politischen Bürger sahen und ob sie jemals den Theologen Helmut Gollwitzer verstanden und ernst genommen haben.

Gollwitzer gehörte als Schüler Karl Barths gewiß zu dem Stamme der »Linksbarthianer«. Aber theologisch bedeutete dies, daß er im weiten Feld des Protestantismus zu den Konservativen, zu den Fundamentalisten im besten Sinne gehörte. Wenn es zumindest so schien, als wollten Rudolf Bultmann und seine Schüler die »Entmythologisierung« der neutestamentlichen Botschaft so weit treiben, daß nur noch ein abstraktes »Daß« übrigblieb, aber keine historisch und inhaltlich verbindliche Wirklichkeit, dann widersprach Gollwitzer auch hier.

Sein bewegendes Buch »Krummes Holz – aufrechter Gang. Zur Frage nach dem Sinn des Lebens«, eines der schönsten Werke zeitgenössischer Theologie – wer von den vielen Anhängern und Gegnern Gollwitzers hat sich je darauf eingelassen und den Mann dort beim Wort genommen, wo er unbedingt ernst genommen werden wollte?

Ein zorniger Mann, ein frommer Mann! So provozierend sein Aufbrausen sein konnte, so anrührend seine Frömmigkeit. Als der frühere Bundespräsident Gustav Heinemann im Sterben lag, saß sein Freund Helmut Gollwitzer bei ihm und sang ihm zum Troste Lieder aus dem Gesangbuch vor. Wer hätte ihm selber ein solcher Begleiter sein können?

(in: Die Zeit, 22. Oktober 1993)

Otto Jörg Weis
Die Kraft und das Feuer

Das Auditorium maximum der Freien Universität ist am 10. November 1968 bis zum letzten Platz besetzt. Tags zuvor hat es im Norden Berlins eine wilde Steinschlacht zwischen Studenten und Polizei gegeben. Eindringlich warnt vom Rednerpult Helmut Gollwitzer: »Für wen Gewalt kein Problem ist, der ist kein Sozialist.« Und: »Wer will, daß die studentische Bewegung zerfällt, der soll weiter solche Aktionen machen.« Der damals 59jährige Theologe – links und frei – ist der einzige Hochschullehrer, der noch Zugang hat zu den Jungen auf dem Campus.

Wenig später schiebt das spätere RAF-Mitglied Horst Mahler, heute wieder Rechtsanwalt, auf einer anderen Veranstaltung die Gewaltfrage mit dem zynischen Satz beiseite, wer Auto fahre, müsse eben damit rechnen, daß auch einmal ein Reifen platze. Die Rebellion zerfällt tatsächlich, binnen Wochen. »Der Prophet mit eminenter Wirkung«, wie der einstige Berliner Bischof Kurt Scharf seinen streitbaren Weggefährten nannte, hat recht behalten, leider, wie so oft in seinem Leben.

Aber an der Idee einer emanzipatorischen Gesellschaft und ihren immer neuen Chancen auf (Selbst-)Verwirklichung hat er noch 25 Jahre später im Gespräch unerschütterlich festgehalten. Im kleinen Kreis hat der 1908 im bayerischen Pappenheim geborene Pfarrerssohn das Feuer seiner grenzenlosen Hoffnung nicht mehr verborgen, hat gewärmt mit seiner menschenbejahenden Herzlichkeit, hat ermutigt und motiviert, vor allem zu einem: zu kämpfen, immer wieder zu kämpfen gegen Ungerechtigkeit, einzustehen »für den geringsten deiner Nächsten«.

Es ist dasselbe Feuer, das ihn zeit seines Leben getrieben hat, sich einzumischen. 1936, damals 28 Jahre alt, ist er der Bekennenden Kirche beigetreten, hat 1938 in Berlin-Dahlem als Pastor die Nachfolge des inhaftierten Martin Niemöller angetreten, hat öffentlich gegen Judenverfolgung und Nationalsozialismus geredet, Redeverbot erhalten, ist als Sanitäter an die Rußlandfront verbannt worden. Am 31. August 1985 hat er in Mutlangen an der Sitzblockade gegen die Raketenstationierung teilgenommen; er wolle nicht »ein zweites Mal mit seiner Kirche ein Schuldbekenntnis sprechen«. Da war er 76.

Woher die Kraft Helmut Gollwitzers rührte, der am Sonntag in Berlin einem Schlaganfall erlag? Gewiß, die Erfahrung mit dem Nationalsozialismus hat ihn geprägt. »Wir wußten nichts«, hat er über den Opportunismus der Menschen im deutschen Faschismus geschrieben, »weil wir wegsahen, als unser Bruder zu Tode gequält wurde; aber so viel wußten wir immerhin, daß wir in jenen Tagen, als es schlecht war, ein Jude zu sein, froh waren, kein Jude zu sein«. Nie wieder wegsehen: daraus resultierte sein lebenslanger Einsatz für den christlich-jüdischen Dialog.

Aus dem Antifaschismus resultierte aber auch seine Offenheit gegenüber dem Marxismus, nicht dem von Pankow, sondern dem der ideengeschichtlichen Verheißung. Die Hoffnung auf eine andere Welt auf Erden. 1949 erhielt er in Bonn einen Lehrstuhl für Systematische Theologie, 1957 ging er an die Freie Universität, 1962 verweigerte ihm die Universität Basel einen Ruf mit der Begründung, daß seine Position zum Kommunismus »unklar« sei. Dabei war sie keineswegs unklar. Sehr entschieden mischte sich Helmut Gollwitzer auf seiten etwa der tschechoslowakischen Charta 77 ein gegen den obrigkeitsstaatlichen »Sozialismus« des ehemaligen Ostblocks. Auch den bis 1989 real existierenden Einheitssozialisten im anderen Teil Deutschlands hat er wenig Sympathien entgegengebracht.

Wirkliche Feinde hat Gollwitzer kaum gehabt. Hat er doch bei aller Streitbarkeit – klare Stimme, klare Sätze – immer auch den Widerpart respektiert: »Jeder Mensch – ein Gotteshaus«, hat er bei der Beerdigung Ulrike Meinhofs gesagt. Da offenbarte sich noch eine weitere Quelle, aus der er schöpfte, das humane Christentum. Wie bei vielen Theologen, die sich einmischen ins politische Tagesgeschehen, steht ja im Scheinwerferlicht immer nur der weltliche Aspekt. Unsichtbar bleibt da meist jener Helmut Gollwitzer, der seinen Gästen biblisch unterlegte eigene Schriften über das Wunder der Liebe zum Abschied an der Haustür der unauffälligen Villa in der Nebingerstraße in die Hand gedrückt hat; dem der

Glauben auch im schärfsten Disput die innere Gelassenheit gab. »Helmut Gollwitzer ist vom lieben Gott auf die Welt geschickt«, hat die Publizistin Carola Stern zu seinem 80. Geburtstag geschrieben, »um zu zeigen, daß er ein fröhlicher, ein liebender Gott ist.«

Daher hat er wohl immer wieder seine Enttäuschungen bewältigt. Er hat nach der Befreiung vom Faschismus für einen neuen deutschen Staat plädiert – und die Restauration erlebt. Er hat 1955 in der Frankfurter Paulskirche gegen die Wiederaufrüstung gepredigt und ist 30 Jahre später in Mutlangen abgeräumt worden. Er hat die Grabreden gehalten für den erschossenen Studenten Benno Ohnesorg, für Ulrike Meinhof, für Rudi Dutschke. Dutschke hat zeitweise in seinem Haus gelebt, er liegt begraben auf dem Friedhof jener Gemeinde, die Gollwitzer 1938 betreute.

Gollwitzer hat viele Freunde gehabt, viele gute auch. Gustav Heinemann zählte dazu. In Berlin war es die »Dreierbande« Gollwitzer, Kurt Scharf und der frühere Regierende Bürgermeister Heinrich Albertz – »Niemandem untertan«, wie ein Fernsehtitel hieß. Der 84jährige hat alles verkraftet, heiter gelassen, nur eines nicht: Unter dem Tod seiner Frau Brigitte vor einigen Jahren hat er ungemein gelitten. Er hat zuletzt auf einen Tod gewartet, der ihn erlöst.

(in: Frankfurter Rundschau, 19. Oktober 1993)

Die »Dreierbande«: Kurt Scharf, Helmut Gollwitzer und Heinrich Albertz zusammen mit Brigitte Gollwitzer im Sommer 1981

Helmut Gollwitzer in seinem Studier- und Arbeitszimmer in der Nebingerstraße in Berlin-Dahlem

Erich Fried
Helmut Gollwitzer etwas wünschen?

Dem
der nicht müde wird
auch wenn man müde wird

dem
dem sein Glaube Kraft gibt
zu manchem Zweifel

dem
der die Geduld
zu Ungeduld nicht verloren hat
und auch nicht den Starrsinn
dessen
der dem Starrsinn nicht geben
will
was des Starrsinns ist

dem
den der erloschene Brand
der Gotteshäuser
noch immer brennt
auch wenn es nicht seine waren

dem
dessen Liebe
weiter reicht
als seine Zustimmung
und weiter
als sein Protest

Ausgewählte Werke

10 Bände.
Zusammen 2880 Seiten. In Kassette.
DM 198,–/öS 1545/sFr 198,–
[3-579-05042-7]

Bd. 1: Dennoch bleibe ich stets an dir
Bd. 2: Die Existenz Gottes im
        Bekenntnis des Glaubens
Bd. 3: Mensch, du bist gefragt
Bd. 4 und 5: ... daß Gerechtigkeit und
        Friede sich küssen. 2 Teilbände.
Bd. 6 und 7: Umkehr und Revolution.
        2 Teilbände
Bd. 8 und 9: Auch das Denken darf dienen.
        2 Teilbände
Bd. 10: Bibliographie
        Helmut Gollwitzer

Das hohe Lied der Liebe

8. Aufl. 1991. 62 Seiten. Kt.
DM 6,80/öS 53/sFr 7,60
[3-579-05008-7] KT 8

Befreiung zur Solidarität

Einführung in die evangelische Theologie.
2. Aufl. 1984. 232 Seiten. Kt.
DM 38,–/öS 297/sFr 39,30 [3-579-01913-9]

Gebete

Zusammengestellt und hrsg. von
Wolfgang Brinkel. 92 Seiten. Kt.
DM 9,80/öS 77/sFr 10,60
[3-579-05001-X] KT 1

Gollwitzer-Brevier

Hrsg. von Wolfgang Brinkel und
Heike Hilgendiek. 576 Seiten. Ln.
DM 49,–/öS 382/sFr 50,30
[3-579-02266-0]

Ich frage nach dem Sinn des Lebens

7. Aufl. 1987. 80 Seiten. Kt.
DM 9,80/öS 77/sFr 10,60
[3-579-05014-1] KT 14

Helmut Gollwitzer und Pinchas Lapide

Ein Flüchtlingskind

Auslegungen zu Lukas 2.
4. Aufl. 1990. 100 Seiten. Kt.
DM 9,80/öS 77/sFr 10,60
[3-579-01498-6] KT 40

... und führen, wohin du nicht willst

Bericht einer Gefangenschaft. 256 Seiten. Kt.
DM 24,80/öS 194/sFr 25,80
[3-579-01125-1] GTB 1125

Du hast mich heimgesucht bei Nacht

Abschiedsbriefe und Aufzeichnungen des
Widerstandes 1933 bis 1945. Hrsg. von
Helmut Gollwitzer, Käthe Kuhn und
Reinhold Schneider. 192 Seiten. Kt.
DM 19,80/öS 155/sFr 20,80
[3-579-01124-3] GTB 1124

Chr. Kaiser
Gütersloher
Verlagshaus

Zeugen des Jahrhunderts

Hans Jonas: Erkenntnis und Verantwortung
Gespräch mit Ingo Hermann
in der Reihe »Zeugen des Jahrhunderts«
herausgegeben von Ingo Hermann, Redaktion: Jürgen Voigt
18,00 DM / 141 öS / 19,00 sFr.

Hans Jonas wurde 1903 in Mönchengladbach geboren. Er emigrierte dreißig Jahre später aus Nazi-Deutschland. Seine nächsten Verwandten kamen in Konzentrationslagern um. Deshalb hatte er sich geschworen, nach Deutschland nicht wieder zurückzukehren, es sei denn, als Soldat einer erobernden Armee.
Hans Jonas erzählt vom bürgerlich-jüdischen Milieu am Niederrhein, in dem er aufgewachsen ist, vom Studium in Freiburg, Berlin und Marburg, von seinem Leben in Palästina und wie er mit britischem Paß in einer jüdischen Brigade nach Deutschland zurückkam, von seiner Zeit in Kanada und den USA – von den Fragen, die ihn bewegen, und von den Menschen, die seinen Lebensweg begleiteten.
Jonas' zentrales Thema ist: »Unsere Umwelt ist wie ein Raumschiff, das nicht vergrößert werden kann. Genau da entsteht ein Mißverhältnis. Wer dachte früher schon an den ganzen Erdball, wer dachte schon an kommende Jahrhunderte!« Jonas geht neue Wege zur Unterscheidung zwischen konventioneller Ethik und der heute notwendigen Fernverantwortung. Er klagt die gedankenlose Ausplünderung und gewissenlose Zerstörung des Planeten an. Für ihn muß zum Gebot der Nächstenliebe die Aufforderung zur Fernstenliebe hinzutreten.
Jonas widerspricht dem unbegrenzten Fortschrittsglauben und der marxistischen Zukunftsutopie. »Wenn es ein Prinzip Hoffnung gibt, dann nur als Hoffnung darauf, daß der Mensch sich auch selber Einhalt gebieten kann.«
1987 wurde Hans Jonas mit dem Friedenspreis des Deutschen Buchhandels ausgezeichnet.

Bücher aus dem Lamuv Verlag